ANDRÉS JIMÉNEZ ABAD

REPENSANDO LA EDUCACIÓN

Claves para una educación centrada en la persona

Prólogo de
Juan Antonio Gómez Trinidad

EDICIONES UNIVERSIDAD DE NAVARRA, S.A.
PAMPLONA

Serie: Educación

Cupón para la Biblioteca Virtual

Accede a la versión eBook de este título por solo **1,99 €**. Con la compra de este libro puedes utilizar el siguiente cupón para la lectura en *streaming**desde la Biblioteca Virtual. **Sigue estas instrucciones** para visualizar tu libro:

1. Dirígete a la web de la Biblioteca Virtual en **https://ebooks.eunsa.es**.

2. En la web ve a **Iniciar sesión** e introduce tu email y contraseña. Si no estás registrado, deberás completar el proceso en **Registrarse**.

3. Tras registrarte, accede a la página del libro o lee el QR de esta página. Bajo el precio podrás **insertar el código oculto en el siguiente cupón para activar la promoción**.

Despegue para visualizar

Acceso directo al eBook

Canjéalo en ebooks.eunsa.es

*Con acceso a internet desde cualquier navegador.

© 2025. Andrés Jiménez Abad
Ediciones Universidad de Navarra, S.A. (EUNSA)
Campus Universitario • Universidad de Navarra • 31009 Pamplona • España
+34 948 25 68 50 • www.eunsa.es • eunsa@eunsa.es

ISBN: 978-84-313-4019-3
DL NA 589-2025

Fotografía:
Unsplash

Imprime: Podiprint
Printed in Spain – Impreso en España

Índice

Prólogo

EDUCAR ES UNA DE LAS TAREAS más hermosas e imprescindibles del ser humano: consiste en ayudar a otros a crecer para que alcancen su plenitud. Pero es también una tarea difícil, puesto que no es algo mecánico ni consiste en seducir o amaestrar. Por el contrario, requiere potenciar la libertad y creatividad del educando y ello implica encontrarse con respuestas no predecibles ni manipulables.

Pero la educación hoy es más difícil que nunca por varias razones. En primer lugar, porque educar es ayudar a madurar, a ser adulto y autónomo, pero vivimos en una época de cierto infantilismo, «millones de jóvenes son educados por millones de jóvenes», ya sean estos sus congéneres o sean adultos que se resisten a madurar. En segundo lugar, hoy, junto con los tradicionales educadores, la familia y la escuela, tienen un enorme y devastador influjo las redes sociales, las ideologías, el Estado y el ambiente en general. En tercer lugar, y quizá es lo más grave, hoy no sabemos muy bien qué es educar porque en el fondo desconocemos qué es el hombre, su especificidad frente al resto de los seres vivos.

Sorprende a la vez que, a pesar del cúmulo de teorías y conocimientos neurológicos, psicológicos y pedagógicos, así como la abundancia de medios y recursos educativos de todo tipo, haya una desazón permanente sobre los frutos tanto de la educación en general como de la enseñanza en particular.

No es de extrañar que cualquier persona preocupada por la educación busque algún tipo de ayuda que le saque del marasmo en que nos encontramos, más allá de los *best seller* o de teorías de moda. Es necesario y urgente lo que en castellano se llama un *vademécum*, «un libro de poco volumen y de fácil manejo para consulta inmediata de nociones o informaciones fundamentales», tal como lo define el *Diccionario de la lengua española* de la RAE.

El libro que nos ofrece Andrés Jiménez Abad es un soplo de aire fresco, un instrumento necesario y oportuno en estos tiempos de desorientación y desánimo educativo. Nos ofrece un mapa educativo, además de una brújula para navegar por el proceloso mar de la educación actual. En medio de las nieblas del relativismo y del nihilismo imperante, este libro es un faro que nos conduce a la Ítaca que la educación occidental abandonó hace décadas.

Con claridad, firmeza y a la vez sin acritud, se atreve a poner las cosas en su sitio y en orden, sin miedo a lo políticamente correcto. Distingue entre *el fin*, la educación centrada en la persona, *y los medios* que nos pueden conducir a ello. Nos habla de términos censurados u olvidados en la educación actual, tales como *autoridad, responsabilidad, constancia, reflexión, exigencia, premios* y *castigos*. Nos ofrece una visión general de la educación, pero aterriza en temas concretos y delicados, como la afectividad, la diferencia de sexos o la formación de la conciencia. Con su amplio saber y decir, nos conduce a las fuentes clásicas de la educación, a la *paideia* griega, para recordarnos que los valores, si no se hacen vida a través de las virtudes, son meras entelequias, y nos traza el camino para la consecución de esas virtudes fundamentales. Además, como experto docente, nos ofrece una síntesis de la situación de la enseñanza en España a partir de los informes internacionales.

El significado literal de *vademécum* es «ven conmigo», y la propuesta que nos hace es acompañarle por un itinerario riquísimo. Andrés es doctor en Filosofía y pedagogo, con una curiosidad in-

telectual insaciable a la que une su capacidad de sintetizar y transmitir sus muchos saberes. Catedrático de Filosofía en instituto,
ha dado clase durante más de cuarenta años, tanto en secundaria
como universidad, así como en Encuentros y Seminarios, y ha
despertado siempre en los alumnos la pasión por la Verdad, la Belleza y el Bien. Pero, sobre todo, es un maestro; no habla de oídas,
no es torero de salón como otros muchos intelectuales. Ha entre-
gado toda su vida a la educación y sigue dedicado a ella aunque
oficialmente esté jubilado. Con una sonrisa permanente, fruto de
su optimismo realista, no ingenuo, y sobre todo de su pasión por
educar y del cariño a los alumnos, nos muestra en los proyectos
en los que trabaja que renacen motivos para la esperanza. Como
maestro, sus palabras atrapan, pero de paso suscitan un deseo de
aprender, de disfrutar y de transformar nuestra vida y la de cuan-
tos nos rodean.

Podría haber publicado este libro hace años, pero ahora es más
oportuno y necesario que nunca, cuando la sociedad se ha tornado
líquida, cuando la razón se ha oscurecido y la voluntad está anes-
tesiada. A todos, pero especialmente a los educadores –y educar
educamos todos–, la lectura de este libro nos interpela, y a la vez
nos produce el goce del reencuentro con los conceptos clave de la
educación y de las pautas para lograr que cada persona crezca en
libertad y verdad.

Nos corresponde a nosotros dejar de lamentarnos y seguir la
estela del autor y «barrer, con ilusión, nuestra puerta para que la
calle vuelva a estar limpia».

Estoy seguro de que este vademécum educativo ayudará a
cualquier persona que aún mantenga la pasión por educar y a la
que le asalte a veces una cierta desazón por la situación actual.

Juan Antonio Gómez Trinidad
Exvicepresidente del Consejo Escolar del Estado

Introducción

SE RECOGE EN ESTE LIBRO una recopilación de artículos escritos a lo largo de tres cursos consecutivos (desde septiembre de 2021 hasta junio de 2024) para la sección de Educación del semanario *La Verdad*, de la archidiócesis de Pamplona y Tudela, y por invitación amable de su director, Alfredo Urzainqui.

Debido a ello, aunque la unidad de fondo es patente, aparecen algunas leves repeticiones en el texto. Hemos preferido ser fieles a la cronología de su publicación que proceder a una reelaboración sistemática de los contenidos.

De todos modos, para facilitar la lectura y la aplicación de estas reflexiones, se incluye al final un índice temático que permite además acceder directamente a los contenidos de acuerdo con el interés específico del lector.

En estos renglones se van desgranando temas que nacen de una trayectoria profesional dedicada a la docencia y a la formación de jóvenes, profesores y familias. En ellos hay poco de mi cosecha, ciertamente, ya que prácticamente todo lo he aprendido de algunos grandes maestros como Víctor García Hoz, Abilio de Gregorio, Rafael Alvira, Santiago Arellano, el venerable P. Tomás Morales, SJ, Juan Antonio Gómez Trinidad, Antonio Rojas, José Javier Ruiz Serradilla… Son reflexiones que se han ido configurando –«repensando»– sobre el cañamazo de la experiencia diaria y de la labor compartida –gozosamente compartida– en un quehacer apasionante como es el de educar.

Aunque la temática puede parecer diversa, hay una unidad de fondo: entender al ser humano –discípulo, maestro, hijo, padre o madre– como persona portadora de una dignidad inalienable, aunque siempre en camino de perfeccionamiento, necesitada de sentido y llamada a dar lo mejor de sí misma a otros creciendo así en humanidad. Porque, según se entienda al ser humano y la plenitud a la que está llamado como persona, así se concibe también la educación misma, como una tarea personalizadora. No es un problema de medios sino, ante todo, de fines.

Al escribir pensaba en la tarea educativa de padres y madres de familia normales, deseosos de acertar cuando acompañan y guían el desarrollo personal de sus hijos, y preocupados por la labor de los centros educativos. Pensaba también en el profesorado, en los maestros y docentes en general –sobre todo en los que comienzan–, responsables de ofrecer un servicio cualificado para el conocimiento de la realidad, la transmisión del saber y la orientación integral de sus alumnos.

A menudo me he atrevido a definir la finalidad de la educación como una ayuda dirigida a niños y jóvenes para que se conviertan en hombres y mujeres en quienes se pueda confiar. Se trata de una labor personalizadora, que pretende fomentar la maduración personal mediante la adquisición de criterios de vida, el uso responsable de la libertad y el aprendizaje de ese amor que lleva a buscar el bien de aquellos a quienes ofrecemos tiempo y vida.

Agradezco especialmente a Joseluís González su confianza y entusiasmo a la hora de convencerme para dar a la imprenta estos «repensamientos».

Andrés Jiménez Abad

Catedrático de Filosofía de instituto y pedagogo

Una educación centrada en las personas

Es POSIBLE QUE LOS TITULARES de la prensa, pendientes de las urgencias del momento, apunten en otras direcciones, pero la educación es sin duda uno de los temas cruciales de nuestro tiempo. De todos modos, con el comienzo de un nuevo curso, los asuntos educativos vuelven a estar en el candelero, aunque sea por temas como leyes, presupuestos, costes, equipamiento, la seguridad frente a los riesgos de contagio... Cuestiones, parece obvio, de interés.

Pero las preocupaciones del momento no deben ocultar las grandes cuestiones, como por ejemplo hacia dónde debe orientarse la educación y cuál es o debe ser su modelo de persona.

Por lo demás, la calidad y el rendimiento de los sistemas educativos es también una cuestión de personas. Los análisis de la OCDE revelan reiteradamente que apenas el 16 % del rendimiento educativo está condicionado por factores como el deterioro del PIB o el aumento de alumnos inmigrantes en las aulas, entre otros, mientras que el 84 % restante depende de factores como la estabilidad y calidad del tejido familiar, el nivel de formación de los docentes y la calidad de los procesos educativos en los centros.

Como ha escrito Javier Gomá, la línea que separa la excelencia ética y social de la vulgaridad y la barbarie se dibuja *en el corazón* de todos y cada uno de los ciudadanos. Así pues, no es tanto una cuestión de economía y de estructuras sociales –que influyen, sin duda– como de formación de la personalidad.

Hace un par de décadas, la llamada «formación del carácter» vino a situarse entre las principales prioridades de los planes escolares en los países anglosajones, con EE.UU. a la cabeza. Los analistas –de vuelta ya de viejos tópicos– han venido a reconocer que la clave más decisiva para transformar la realidad y mejorarla es *educar personas valiosas y competentes*.

En este marco, el desarrollo de la personalidad se construye sobre dimensiones «sólidas», sobre *fortalezas* que capacitan a una persona para aportar calidad *humana* al mundo a través de sus juicios y percepciones, de su actividad y su iniciativa, de su equilibrio personal y de sus relaciones. Estas fortalezas son en última instancia hábitos, virtudes, valores humanos que configuran la urdimbre psicológico-moral de la personalidad y aportan una orientación fundamental para la vida.

Estos valores y fortalezas no son un barniz decorativo, un condimento «políticamente correcto» de la actividad productiva. Muy al contrario, son una parte de la personalidad –y por lo tanto de la educación– llamada a persistir siempre, incluso en una sociedad pragmática como la nuestra.

Es cierto que la dura competencia por los primeros puestos, por triunfar en el trabajo o los negocios, por las calificaciones para acceder a determinados estudios no va a desaparecer. Pero, cuando un joven o una joven se presenten a una entrevista para pedir un trabajo de cierto relieve, serán sus virtudes de iniciativa, responsabilidad, honradez, lealtad, constancia, laboriosidad, etc., las que más contarán. O cuando tengan que afrontar problemas familiares, cívicos o de conciencia profesional, por ejemplo, serán sus criterios y disposiciones morales los que iluminarán sus decisiones. Por eso no debemos perder como referencia en educación la centralidad de la persona.

Educar en lo esencial

UNA VIDA CULTIVADA (LO QUE LOS GRIEGOS denominaban *paideia* e identificaban con la educación) no es un conglomerado de conocimientos y actividades diversas, sino una energía unificadora y creativa, capaz de situarse con sensatez ante la realidad y de mejorarla. Convertir esta energía en la formulación y la realización de un proyecto personal de vida es seguramente el papel más importante que la educación puede llevar a cabo.

Pero vivimos en un tiempo de desorientación acerca de lo esencial. El pedagogo Víctor García Hoz insistía a menudo en que «la educación corre el riesgo de convertirse en una suma de actividades y de aprendizajes inconexos que, en lugar de integrar a la persona humana, tienden a disgregarla en medio de una multitud de solicitaciones, oscureciendo el sentido de su existencia y debilitando su capacidad de ordenación de la propia vida».

Este peligro seguramente se ha incrementado en los últimos tiempos debido en gran medida a una mentalidad relativista dominante en lo moral y a la dispersión que caracteriza a los distintos saberes. Escribía Paul Ricoeur que vivimos en una época de medios perfectos y de metas confusas. Y, sin embargo, sobre todo en educación, es esencial responder a la pregunta ¿a dónde vamos en la vida?

Es importantísimo que los educadores –padres y docentes– tengamos un proyecto educativo claro que permita saber a dónde hemos de orientar a nuestros niños y jóvenes con la educación que les estamos proporcionando, ya que el pleno desarrollo de la personalidad del alumno, chico o chica, reclama entre otras cosas que los objetivos y finalidades de la actividad educativa concurran de manera congruente y provechosa.

Decía a este respecto Jacques Maritain que toda labor educativa debe esforzarse por fomentar en la persona la unidad interior y la coherencia, aunque para ello sea preciso cultivar diferentes capacidades y valores humanos. Es una paradoja, pero no una contradicción, ya que todos los valores humanos y virtudes –si se cultivan sabiamente– guardan entre sí una interrelación profunda porque, en el fondo, la virtud es única: es la orientación de toda la persona –inteligencia, voluntad y afectos– al bien.

La unidad de vida es la columna vertebral de una personalidad madura y, por lo tanto, una condición imprescindible para la formación humana de la persona, para la educación como tal. Lo esencial, así pues, es educar la personalidad de nuestros hijos para que sean capaces de distinguir y de apreciar el bien y de orientar su vida hacia él.

Por ello, el pleno desarrollo de la personalidad en nuestros niños y jóvenes exige que las finalidades y expectativas de nuestra labor educativa como padres, lo mismo que la de los centros escolares y las distintas influencias que llegan del exterior –calle, amigos, cine, medios de información, etc.– concurran en una misma dirección.

Está bien que nos preocupemos por el inglés y las TIC en nuestros colegios, pero hay algo aún más importante. Ya Séneca, hace veinte siglos, escribía que «si el marino no tiene claro el rumbo todos los vientos le son contrarios».

Hombres y mujeres en quienes se pueda confiar

CON EL COMIENZO DE UN NUEVO CURSO los asuntos educativos vuelven a estar en el candelero, generalmente porque lo demandan las estadísticas o ciertos acontecimientos lamentables. Pero la educación es un asunto nuclear del que la sociedad en general y las familias en particular no deben desentenderse nunca, y menos –como suele decirse con ironía, acerca de todas las cosas que de verdad importan– dejándolo en manos de los políticos. Y que me perdonen los políticos buenos, que alguno hay.

Las políticas educativas, bajo capa de neutralidad, suelen estar marcadas por propósitos ideológicos y por condicionamientos económicos, e instrumentalizan la educación, bien al servicio de una voluntad de poder o bien del sistema productivo. Pero la educación es y debe ser otra cosa. Deberíamos preguntarnos las familias, los educadores y los responsables de la política educativa si en el fondo no estamos proporcionando sólo una blanda retórica moralizante, trivial, que no sirve para nada y que deja cancha libre a propósitos engañosos.

Más allá de cualquier asunto coyuntural, lo nuclear en la educación es fomentar buenas personas. Suena a blandito, ya lo sé, pero muchas conductas disfuncionales que agitan la vida social, familiar y escolar obedecen a un serio déficit ético en la educación que no ha sido adecuadamente atendido en la familia y en la escuela.

Escribe José Antonio Marina que, de un modo u otro, «toda cultura defiende un modelo de persona, un modelo de comportamiento y un modelo de sociedad. Estos tres aspectos constituyen el núcleo del contenido educativo y es fácil ver que son contenidos morales. Sin embargo, el mundo desarrollado ha pretendido configurar una sociedad neutral respecto a los valores. Ha sentido la fascinación por la ciencia y ha considerado que la moral pertenece a la esfera privada, y que no es propio de la escuela adoctrinar».

Advierte además de que tal concepción es en realidad una trampa porque «no hay educación moralmente neutral. Esa neutralidad es ya un determinado tipo de propuesta moral. La escuela transmite valores por acción o por omisión, con lo que dice y con lo que calla. Debemos cambiar de orientación y enseñar que todos estamos enfrentados a una opción definitiva: elegir entre vivir en un orbe ético o vivir en la selva, donde "el hombre es un lobo para el hombre"».

La educación tampoco debe tratar simplemente de aprender a sentirse bien. Muy por encima del *bienestar* personal y social, e incluyéndolo, está el ámbito del *bien ser* de la persona. Se trata, en suma, de ayudar a niños y jóvenes para que lleguen a ser hombres y mujeres en quienes se pueda confiar.

Es conocida aquella historia en la que un anciano contaba a sus nietos cómo en las personas hay dos lobos: el del resentimiento, la mentira y la maldad, y el de la bondad, la verdad y la misericordia. Al terminar, uno de los niños preguntó:

—Abuelo, ¿cuál de los lobos ganará?

Y le contestó el abuelo:

—El que alimentéis.

La educación, hoy y siempre, ha de preocuparse sobre todo por la calidad humana de las personas. Ese es el desafío educativo del momento.

La virtud... ¿todavía?

Sostenía Aristóteles que el fin de la educación consiste en enseñar a desear lo deseable, lo valioso. Es decir, en orientar los deseos para dirigirlos hacia todo aquello que contribuye a la excelencia moral.

Es de gran importancia para ello conocer la índole de los sentimientos y los afectos en general, su origen y su naturaleza, en uno mismo y en los demás, para comprender lo que expresan, y orientarlos a lo que merece ser deseado y estimado, ya que determinadas acciones se deben realizar no por ser gustosas o apetecibles sino por ser buenas, aunque no se tenga ganas o aunque apetezca lo contrario.

De ahí la importancia de los hábitos, estructuras psicológicas que ofrecen consistencia y solidez, a la vez que dotan de eficiencia a nuestras capacidades: hábitos cognitivos e intelectuales, afectivos y ejecutivos..., hábitos éticos o morales sobre todo. Hablamos, en suma, de «virtudes» (hoy suele emplearse el término «fortalezas» –strengths–, pero su significado es muy parecido al de los términos clásicos areté, virtus).

La virtud consiste en orientar nuestra vida al bien; es un modo ordenado de amar las cosas y a las personas (ordo amoris, en expresión de san Agustín). Es preciso querer el bien y realizarlo de manera habitual. Las normas procuran un mínimo indispensable para orientar la conducta y para evitar el mal, pero por sí solas no aseguran el bien obrar.

La virtud es una disposición estable, un hábito positivo que aumenta nuestro poder y nuestra libertad, que hace penetrante y seguro nuestro conocimiento, que otorga estabilidad, equilibrio y densidad a nuestro querer, liberándolo de las mudanzas de la emoción y fortaleciéndolo ante las dificultades. De la educación y orientación de los hábitos dependen el desarrollo y la configuración del carácter y de la personalidad (*ethos*) desde la infancia.

Una formación *integral* de la persona incluye que los aprendizajes estén bien integrados. Dirigida al desarrollo equilibrado de todas las dimensiones de la persona humana y de su actividad, no se trata de «saber de todo» ni de desarrollar «un gran número de habilidades y destrezas». Se trata de configurar una escala de valores, de prioridades en función de las cuales se juzga y se actúa congruentemente, de acuerdo con lo más valioso.

Me contaba una maestra que un día, durante el recreo, una de sus pequeñas alumnas, de unos siete años, lloraba desconsoladamente. Al preguntarle por qué, la niña le contestó:

—Es que nos han dicho en clase que no se deben tirar los alimentos que sobran. Y también que en muchas cosas de comer ponen cosas malas, que se llaman E y C (edulcorantes, conservantes…). Pero es que mi mamá me ha dado para almorzar un Bollycao y aquí pone que tiene esas cosas. Y no me lo puedo comer…, ¡pero es que tampoco lo puedo tirar! (*y aquí un sollozo inconsolable*).

La formación moral ha de guiar al resto de las facetas y ámbitos de la educación, pero antes es esencial comprender la índole y la fuente de la dignidad de la persona para establecer y articular los fines y los medios adecuados para su formación. Sin vacíos y de manera congruente.

«Mermelada sentimental»: emotivismo y educación

Nuestros sentimientos, nuestras emociones, aspiraciones, anhelos y estados anímicos, nuestras ganas y desganas ejercen una decisiva influencia en nuestro comportamiento. Dar la espalda a la sensibilidad lleva a un frío intelectualismo, al moralismo y al voluntarismo, no a una vida equilibrada, integrada y saludable. Una educación integral y personalizadora no debe anular la sensibilidad sino cultivarla y al mismo tiempo orientarla armónicamente hacia el bien y la verdad, hacia lo que es valioso y justo.

El calor de las emociones, la intensidad de los sentimientos y la riqueza de las intuiciones han de acompañar e impulsar la constante novedad de una vida que reconoce lo que es verdadero, bello y bueno, que se deja atraer por ello y lo asume como propio hasta convertirlo en motor e ideal de sus elecciones y de su actividad. El poder de las emociones es ciertamente enorme; pueden lograr metas que parecerían inalcanzables y afrontar adversidades que la mera racionalidad no podría superar. Pero, por otra parte, pueden adquirir tal hegemonía que el comportamiento humano llegue a ser irracional.

El sentimentalismo o emotivismo, que quiere vivir exclusivamente de afectos, es una deformación, una desviación de la vida afectiva. Y como recuerda Gregorio Luri, «la tendencia a la mermelada sentimental lo pringa todo». Aparece cuando la verdad y el bien –lo que es justo– dejan de orientar la vida y son sustituidos por el sentimiento, por la pasión o por el mero apetecer. Y como las vivencias emocionales o afectivas guardan una dependencia de los estímulos de agrado o desagrado, suelen ser muy inestables. Muchas veces, dejarse llevar por los sentimientos o las emociones viene a ser, directamente, un caminar a ciegas.

Homero presenta en la *Ilíada* –la guerra de Troya– el diálogo entre Héctor y su hermano Paris, que rapta a Helena, esposa del rey de Esparta. Previamente, Paris le había dicho a Helena:

–Si vienes, nunca estaremos a salvo… pero yo te amo. Hasta el día en que incineren mi cuerpo, no dejaré de amarte.

Héctor le reprocha a Paris:

–Para ti todo es un juego, ¿no? Pasas de ciudad en ciudad, yaciendo con vírgenes de los templos y esposas de mercaderes y te crees experto en el amor… Dices querer morir por amor pero no sabes nada de la muerte, ni sabes nada del amor!

La frivolidad del sentimental Paris, ajena a toda sensatez, desencadenará la guerra y la desgracia.

Dejarse llevar simplemente por lo que atrae, por lo agradable y lo placentero, puede llevar a grandes equivocaciones y daños. Y además es una conducta muy fácil de manipular, como saben muy bien los publicitarios y los demagogos.

Este emotivismo imperante reclama de los educadores que se planteen cómo cultivar los sentimientos y a la vez cómo formar el carácter para dar coherencia y unidad a las vivencias de la persona en su vocación al bien, la verdad y la belleza; para que las emociones sirvan a lo que es justo y moralmente digno.

Si la afectividad no es ordenada por la virtud (prudencia, justicia, fortaleza, templanza, fe, esperanza, caridad…), se verá sometida a la espontaneidad ciega de los propios impulsos, imprevisibles, inconstantes, muchas veces ilógicos y a menudo destructivos. Será también fácil presa de manipulación.

¿Aplaudir las virtudes?

UNA LABOR ES PROPIAMENTE EDUCATIVA si hace crecer en humanidad, si al introducirlo en la realidad acerca al ser humano a la plenitud e incrementa su capacidad de verdad, de bien y de belleza. Se trata de un proceso de formación paulatina de la personalidad.

El pensador Amitai Etzioni defiende el papel de los centros educativos en el *cultivo del carácter* de niños y jóvenes, en el fomento de la autodisciplina, la empatía y el compromiso con los valores cívicos y morales. No obstante, a nadie debería escapársele el papel esencial, previo e insustituible, que a este respecto ostenta el núcleo familiar. La familia, afirma el filósofo Alejandro Llano, es una «escuela de vida personal y social en la que el modo de existir en cada edad va aprendiendo de los modos de existir de las demás edades».

Pero no se trata tanto de *explicar qué son* los valores: es imprescindible *practicarlos*. Las virtudes –los valores vividos de manera habitual– son excelencias del carácter que no se pueden desarrollar a través de una enseñanza meramente teórica. Una educación en la virtud, en los valores auténticos, ha de ser esencialmente una lección de vida.

Es justamente famosa y certera la afirmación aristotélica de que *no es justo el hombre que sabe lo que es la justicia, sino el que la practica*. En realidad, como decían los griegos, *las virtudes no se pueden enseñar: sólo se pueden aprender*. Si no se aprende a obrar (moralmente) *obrando*, no se aprende en absoluto.

Las virtudes son hábitos operativos; la vida –la práctica– debe acompañar a la idea, concretarla y confirmarla emocionalmente. Sólo se adquieren mediante el esfuerzo y la reiteración permanente. Si no se ejercitan de modo constante no se consolidarán, y nos hallaremos al final ante personalidades «líquidas», inestables, frágiles, volubles. Suele decirse muy agudamente que quien no vive como piensa acaba pensando como vive. No basta, por ejemplo, con decir que el orden es muy importante; es preciso que el orden se adquiera como un hábito: no cansándose nunca de disponer de manera adecuada los materiales de estudio, los cajones de la mesa o el escritorio, la habitación, el aula, los archivos que se guardan en el ordenador, la ropa de los armarios, esforzándose por ser puntuales, etc.

Se cuenta que en un teatro de Atenas se celebraba una representación teatral a la que habían sido invitados los embajadores espartanos. Cuando el teatro estaba lleno, entró un anciano y trató inútilmente de hallar sitio libre. Unos jóvenes atenienses que veían los esfuerzos del anciano por acomodarse comenzaron a reírse de él irrespetuosamente. Al ver esto, los embajadores de Esparta, acostumbrados a venerar a sus mayores, se levantaron y ofrecieron sus sitios al anciano. Todo el público del teatro, al presenciar la escena, aplaudió a los embajadores, hasta el punto de interrumpir la representación. Preguntado el anciano por lo ocurrido, «–*Es curioso*, dijo, *los atenienses aplauden las virtudes, mientras que los espartanos las ejercitan*».

Maestro, quien educa con su vida

SE EDUCA EN VALORES EN Y DESDE LA PRÁCTICA, ejercitándolos por medio del trabajo y la convivencia, pero especialmente por el trato frecuente y habitual con personas que hacen brillar de algún modo la virtud en su ser y en su obrar. Es decir: con maestros. La introducción en los currículos de una educación en valores –sea esta u otra su denominación– no garantiza por sí misma una formación ética adecuada si no se cuenta con maestros verdaderos.

Maestro no es necesariamente quien ostenta una titulación académica de docente, sino quien sabe transmitir y suscitar en otros calidad humana con su vida. No son los métodos los que hacen bueno al maestro, sino el maestro el que hace buenos los métodos, porque el verdadero y mejor método es el maestro mismo.

Lo que nos saca de la indiferencia, lo que nos motiva a asumir determinados principios, valores y comportamientos es verlos vivos en alguien que con su presencia y su palabra, con su manera de vivir y de tratarnos, nos los hace atractivos, interesantes, valiosos. Decía un gran maestro, Abilio de Gregorio, que «un maestro, sin necesidad de decir nada, sólo con su manera de estar ante sus alumnos, ya les está diciendo: el mundo es así». Y, por supuesto, es parte esencial de la condición de padre y madre procurar ejercer este magisterio esencial.

Todos tenemos experiencia acerca del valor educativo de la ejemplaridad. Pero esto no significa que el educador –ya sea maestro o padre– tenga que ser alguien perfecto, sin fallos, dotado de dones atrayentes… Se trata más bien de alguien que procura vivir lo que enseña y enseñar lo que vive, no desalentándose por los posibles fallos, limitaciones o contratiempos. No le importa pedir perdón a sus alumnos –o a sus hijos– cuando comete un error, pues no pierde autoridad por ello. Al contrario, se hace más cercano e «imitable».

El educador, en la práctica, sólo puede esperar de la índole de sus alumnos –o de sus hijos, en el caso de los padres– aquello que intenta conquistar en sí mismo todos los días. Insisto en lo de «intenta». En educación, como en tantas cosas, no hay que cansarse nunca de estar empezando siempre.

El maestro no teme ser exigente, pero nunca deja de ser comprensivo, paciente. Se convierte en referente si, además de aportar su saber con entusiasmo, acierta a inspirar confianza. Y en eso consiste fundamentalmente la autoridad moral, que es el más genuino de los liderazgos.

La educación en valores y la educación afectiva –toda educación integral, en el fondo– son en gran medida una no improvisada labor de contagio personal de actitudes, gestos, convicciones que se experimentan en la relación personal con personas significativas que son rostro visible de esos valores humanos y, en cierto modo, camino de acceso hasta ellos. Ha escrito muy acertadamente Rafael Alvira que, «aún más que la ciencia, es esencial en el educador la capacidad de despertar en otros el gusto –esto es un arte–; y para ello es preciso que atesore entusiasmo, interés y admiración por las cosas y por las personas». Difícil decirlo mejor.

Autoridad que educa

Educar es una forma esencial de introducir al ser humano en la realidad por parte de quienes ostentan la autoridad de la experiencia y el afecto: en primer lugar la familia y, en segundo, para aquellos saberes que requieren una cierta especialización, el centro escolar, en el que la familia delega una parte de su responsabilidad.

Autoridad no significa aquí imposición ni privación de la libertad, frente a corrientes que desde el siglo XIII, inspiradas por Rousseau, vienen infectando la escuela moderna y que propugnan la mera espontaneidad y el emotivismo como principales principios pedagógicos.

La autoridad verdadera es, por el contrario, el prestigio moral, la calidad humana que desprende una persona y que la hace digna de confianza, de manera que se convierte en «autora» y promotora del bien de otros. Autoridad, en efecto, tiene la misma raíz etimológica que *autor*, y que el verbo *augere*, que significa 'hacer crecer, dar auge, promover algo o a alguien'.

La autoridad no es opuesta a la libertad. Al contrario: la hace posible cuando ambas son verdaderas. Pero ¿cómo es posible influir en la libertad del otro sin que esta se vea asfixiada, forzada y privada por ello de valor moral? Suscitándola. Y esto sólo le es dado al amor, a la confianza, a la comunicación de intimidades. No se puede educar, en rigor, si no se ama, si no se suscita en una relación de confianza recíproca el libre deseo y búsqueda del bien.

En educación la autoridad es esencial; es la virtud propia de quien educa, porque sólo ganándose la confianza de los discípulos –o de los hijos– pueden estos hallar en el modelo del educador –ya sea padre o maestro– la orientación y la fortaleza que se necesitan para superarse, para vencer con esfuerzo las adversidades, para sacar de uno mismo lo mejor: su verdadera libertad, el dominio de sí mismo en la búsqueda del bien.

Sólo educa el que ama, y amar es querer el bien para alguien. Aunque para ello sea preciso exigir y exigirse. Un educador no puede esperar que sus discípulos alcancen alguna meta difícil si él mismo no se esfuerza por lograrla en sí mismo cada día.

A veces será preciso pronunciar la palabra «no», y corregir. Pero, como dice Gabriela Mistral, «para corregir no hay que temer. El peor maestro es el maestro con miedo. Todo puede decirse; pero hay que dar con la forma. La más acre reprimenda puede hacerse sin deprimir ni envenenar un alma. Aligérame, Señor, la mano en el castigo y suavízamela más en la caricia. ¡Reprenda con dolor, para saber que he corregido amando!».

No se trata de exigir por exigir. La exigencia en el educar ha de tener siempre un porqué y, sobre todo, debe ser siempre amorosa. Una exigencia sin amor es insoportable, lo mismo que el amor sin exigencia es rechazable porque no educa.

Así lo expresa bellamente el poeta Pedro Salinas:

«Perdóname por ir así buscándote/ tan torpemente, dentro de ti./ Perdóname el dolor, alguna vez. / Es que quiero sacar / de ti tu mejor tú. / Ese que no te viste y que yo veo, / nadador de tu fondo, preciosísimo. / Y cogerlo y tenerlo yo en alto / como tiene el árbol la luz última / que le ha encontrado al sol».

9

La importancia de los ambientes educativos

SE EDUCA EN VALORES HUMANOS Y VIRTUDES en y desde la práctica, por medio del trabajo y la convivencia, especialmente por el trato habitual con personas que hacen brillar de algún modo la virtud en su ser y en su obrar. De ahí, entre otras cosas, el papel insustituible de los maestros. La experiencia nos enseña que se aprende a vivir de manera valiosa viendo cómo lo hacen otras personas que son referentes para nosotros: familiares, maestros, amigos, personas de referencia... El psicólogo Albert Bandura llamó «modelado» a esta forma de aprendizaje.

Por otra parte, la convivencia es un cauce decisivo en la formación de la personalidad, en la educación emocional y moral de los niños y los jóvenes. Por eso es de la mayor importancia propiciar y cuidar al máximo ambientes sanos, ricos en motivaciones, experiencias y ejemplos adecuados, una convivencia que de manera fluida estimule a superarse, a ayudarse, a perseverar compartiendo esfuerzos, logros, fracasos, alegrías y sinsabores.

El ambiente educativo, pensado previamente, cultivado y atendido de manera apropiada, constituye una vía implícita pero eficaz para suscitar y transmitir valores y actitudes a través de la práctica y del afecto, configurando un clima en el que se hallan referentes personales cercanos, generando una complicidad sana, solidaria y estimulante. A nadie se le escapa la enorme influencia de las «compañías», tanto para bien como para mal. Por eso conviene que, en lo posible, los padres «se adelanten» para que sus hijos se integren pronto en grupos en los que pueda surgir libre y espontánea una sana y positiva amistad.

Los vínculos emocionales de simpatía y amistad que se pueden suscitar en la familia, en el aula, en un grupo juvenil o de formación, por ejemplo, son un estímulo eficaz para aprender a gustar lo valioso y a detestar lo malo, lo injusto. Sólo en el clima de confianza y de ayuda que genera un ambiente amistoso y alegre se aprende la importancia y el valor del servicio. Los valores compartidos calan más y mejor porque los afectos sirven de estímulo y de vínculo y ayudan a interiorizar comportamientos, criterios y valores. El sentido de pertenencia es fuente de seguridad y de autoestima.

El educador –maestro, padre, formador– ha de procurar que el niño o el joven llegue a ver en el compañero o en el hermano no un rival sino «otro como yo», un amigo o amiga que no me juzga, que me ayuda a aprender y a tener éxito, que pasa por lo mismo que yo y me comprende, que me anima y consuela cuando lo necesito, y a la recíproca. Por eso es fundamental procurar que el ambiente en el grupo y en la actividad de clase o en casa sea positivo y alegre.

Importa mucho que cada uno aprenda a sentirse responsable del bien de aquellos cuya amistad y camaradería comparte, con el fin de que la inserción en un grupo o en un ambiente no sea como la del camaleón, que se mimetiza en el anonimato, sino que ayude a la propia personalización asumiendo iniciativas y responsabilidades orientadas al bien común. Viene aquí perfectamente a cuento el famoso lema de los mosqueteros de Dumas: «Todos para uno y uno para todos».

10

La eficacia educativa de los modelos

JUNTO CON LA PRESENCIA DE MAESTROS de vida y el fomento de ambientes que impulsen a la mejora, a la emulación, a la alegría compartida, al trabajo en común, a la solidaridad…, ayudará que niños y jóvenes conozcan casos de hombres y mujeres admirables, tanto en la ficción –grandes personajes de la literatura, por ejemplo– como en la historia y en la actualidad. Es importante que desde edades tempranas se familiaricen con personajes y personas que puedan convertirse en referentes, modelos que manifiestan con su vida el atractivo que tiene hacer el bien, ser justos y honestos, ayudar a otros, cumplir con las propias responsabilidades lo mejor posible o superarse a pesar de las dificultades.

Todo ello no sólo «ilustra» lo que se afirma en la teoría, sino que motiva y convence porque «se ve vivir», se muestra posible y alcanzable de manera asombrosa y atractiva. La experiencia nos asegura que la influencia de los ejemplos es muy superior al mero razonamiento.

Podemos, por ejemplo, encontrar personajes de novelas y narraciones en los que se descubren grandes valores y cualidades que pueden servir de referencia para la vida: superación, sacrificio, solidaridad, honradez, etc. Esta es una razón de peso para que procuremos iniciar tempranamente a nuestros niños en el gusto por la buena lectura.

Es bien conocida, por otra parte, la historia que se narra en *El retrato de Dorian Gray*, de Oscar Wilde, en la que el mentor de un joven de grandes cualidades acaba por corromperlo sirviéndose de lecturas en las que se ensalza un comportamiento cínico e inmoral. Algo parecido acontece con ciertas series o programas de televisión, sin ir muy lejos, como es bien sabido.

No nos vamos a engañar: cuando en la escuela y en la vida social se difunde la idea de que el niño y el joven han de orientar su porvenir por medio de su autodeterminación –a la vez que operan estrategias orquestadas que procuran influir ideológicamente en ellos–, es más difícil que surja una literatura infantil y juvenil inspiradora de modelos. Pensemos, por poner un caso, en biografías ejemplares, vidas de santos, novelas y narraciones heroicas que quizás en otro tiempo eran más asequibles. Por eso hay que rebuscar, si es preciso, hasta encontrar buenos libros, buenas películas, buenas series… –que también las hay– y servirse de ellas para educar.

Hoy, además, los recursos audiovisuales están desplazando a la lectura pausada, con el riesgo de que se acabe perdiendo el hábito lector, disminuya la comprensión lectora y, con esa merma, la capacidad de pensar y valorar basada en criterios, por encima de las pulsiones emocionales.

Sobre todo, conviene que acertemos a mostrar modelos elocuentes de personas de carne y hueso, de ayer y de hoy, que se caracterizan por sus valores humanos: fortaleza moral, generosidad, solidaridad, audacia… Ahí van algunos: Sócrates, Demóstenes, Juana de Arco, Thomas Alva Edison, Nelson Mandela, Malala Yousafzai, Iqbal Masih, nadadores paralímpicos como Teresa Perales y Xavi Torres, el actor y maestro Pablo Pineda (con síndrome Down), el orador motivacional Nick Vujicic (protagonista del cortometraje *El circo de la mariposa*), el tenista Rafael Nadal, Ignacio Echeverría (el joven «héroe del monopatín»), etc. Ellos, sus acciones, son lecciones vivas que enseñan eficazmente la diferencia entre el bien y el mal. Conocer algo de sus vidas hace posible aquel aforismo que decía: «Lección vista, lección aprendida».

11

Para una «educación del corazón»

SE SUELE UTILIZAR LA PALABRA *CORAZÓN* para referirse habitualmente a la afectividad, al mundo de los sentimientos y las emociones. Sin embargo, los sentimientos y la dimensión emocional no son lo más profundo de la persona. Además, «seguir la voz del corazón», en el sentido de «haz lo que te digan tus sentimientos», sin pararse a pensar y orientarlos racional y moralmente, puede ser un acto caprichoso y de auténtica ceguera. Además, el rencor, la venganza, la envidia o la codicia son sentimientos, y no son nada buenos como criterios de comportamiento.

Por eso es importante no reducir el *corazón* a la mera esfera de lo sentimental, porque en su sentido más profundo –más allá de la mera afectividad– significa el «yo», la persona misma en lo que tiene de más profundo e íntimo. Y, así, educar el corazón implica la orientación de todo nuestro ser –no solo los sentimientos, sino razón y sensibilidad, voluntad y tendencias sensibles– hacia un bien universal, verdadero y donde todo sentimiento, idea o deseo se vea integrado en el amor, en el don de sí mismo para el bien de otras personas.

Desde esta perspectiva, Susanna Tamaro –autora de la exitosa novela *Donde el corazón te lleve*– se refiere al corazón como «la totalidad más profunda del hombre, la imagen del lugar donde razón y emoción se enlazan armoniosamente y se funden en algo más grande. Ese corazón, en fin, que todas las religiones señalan como la esencia más verdadera y profunda del hombre». Es ese «corazón inquieto» del que habla san Agustín, que ansía el descanso feliz en Dios. Pero volvamos a nuestro asunto.

Desde hace un par de décadas se viene poniendo un acento sobresaliente en la «educación emocional». Tal vez fuera más oportuno decir «afectiva», ya que comprende más elementos que las emociones –de suyo pasajeras e inestables– y es en el fondo una *educación del corazón*, entendido este en la segunda acepción antes indicada, como lo más íntimo de la persona, el «yo» interior.

Y es que cuando la afectividad se reduce a «lo sentimental», las relaciones tienden de hecho a verse como búsqueda de vínculos placenteros, interesados, donde no se tiene en cuenta el bien incondicional de la otra persona (a menudo ni siquiera el propio) ni la dimensión objetiva de la realidad (el orden moral objetivo).

Educar la afectividad, así pues, es enseñar a dirigir las inclinaciones naturales de forma respetuosa, equilibrada, creativa, alegre: amando lo que es bueno realmente y anteponiendo lo más valioso a lo menos importante y, sobre todo, cuidando de que la dignidad de las personas no se vea amenazada.

La educación afectiva incluye el empeño por orientar las pasiones, los afectos; no se trata de asfixiarlos de manera voluntarista sino de integrarlos en una vida dirigida a los valores verdaderos para amar lo realmente bueno. No existe oposición entre pasiones y voluntad, sino complementariedad: la educación de la persona no se orienta a suprimir las pasiones sino a su integración en una personalidad armónica y volcada hacia los bienes verdaderos.

Alasdair MacIntyre afirma que «actuar virtuosamente no es actuar contra la inclinación; es actuar desde una inclinación formada por el cultivo de las virtudes». La virtud ciertamente es un hábito operativo, pero es al mismo tiempo un hábito del corazón.

12

Educación del corazón, educación de la personalidad

La afectividad, veníamos diciendo, necesita ser educada –no anulada– para que forme un todo armónico con la inteligencia y la voluntad y nos ayude a configurar nuestra personalidad de manera íntegra y cabal, completa.

Uno de los rasgos de la madurez personal es actuar, no por «dependencia emocional» hacia algo o hacia alguien, sino reflexionando al decidir. No tomar decisiones porque «Tengo ganas o no», «Me gusta o no me gusta», «Me apetece o no», «Lo hacen o no lo hacen los demás...». Esta forma de decidir es muy pobre y fácil de manipular. Es necesario entrenarse en la exigencia de optar por lo bueno, lo justo, lo valioso, lo verdadero, a pesar de que sea costoso.

Una educación de la persona así entendida, una «educación del corazón», deberá desarrollar tres aspectos:

1. Educación afectiva: su finalidad es conseguir un estilo afectivo (sensibilidad, asombro, autoconocimiento, respeto) que sintonice con los buenos valores.

2. Educación de la voluntad y del carácter: se trata de ayudar a construir los instrumentos psicológicos de autocontrol necesarios para el dominio de uno mismo, para un comportamiento libre y responsable.

3. Educación ética: enseñar a percibir y a hacer propios unos valores y comportamientos morales que orienten nuestra vida al bien.

No debemos perder de vista que en el ser humano la inteligencia emocional no se puede ni se debe separar —aunque sí distinguir— de la inteligencia moral. Porque en el ser humano, si bien son de gran importancia sentimientos, emociones y estados de ánimo, donde se juega la autorrealización de la persona, sus relaciones, el sentido y la orientación de su vida es ante el bien y el mal. Y el bien no es sólo lo deseado por la voluntad o lo que apetece. Platón vio muy bien que el bien lo abraza todo, no sólo el objeto del deseo.

Se trata de ser dueño de uno mismo. «Autodominio» es otra forma de decir libertad. La libertad no consiste en hacer lo que me apetece, sino en elegir lo mejor tras haberlo pensado bien y haberlo decidido.

El autodominio presenta dos aspectos: el autocontrol para orientar adecuadamente deseos, sentimientos y emociones, y la fortaleza o resiliencia para afrontar las dificultades, vencer la pereza, los deseos incontrolados y las timideces. Todo ello después de haber juzgado sabiamente acerca de lo que es mejor en cada caso.

La libertad y la inteligencia «afectiva», así pues, consisten, primero, en saber querer: en saber lo que se quiere y que esto sea realmente valioso, por una parte; y por otra, en aplicar los medios para alcanzar las metas propuestas, siendo consecuentes, luchando contra la pereza, las dificultades y asperezas que surjan: es la fuerza de voluntad, la constancia, la capacidad de superación, la resiliencia, la honestidad firme. También incluye gozarse en el bien, saber disfrutarlo y agradecerlo.

La construcción de la personalidad es desarrollo humano integral, labor de esfuerzo para vencer las limitaciones y, sobre todo, empeño para forjar hábitos estables que permitan a la persona alcanzar un grado de madurez por el cual se convierte, como decía Nelson Mandela, en «el dueño de mi destino, el capitán de mi alma».

13

Educación del carácter

Decíamos en el artículo anterior que una *educación del corazón*, entendida integralmente, debe desarrollar tres aspectos: 1. *Educación afectiva*, cultivando sensibilidad, asombro, autoconocimiento, respeto... para sintonizar con el bien en todas sus modalidades. 2. *Educación de la voluntad y del carácter* para el autodominio y el comportamiento libre y responsable. 3. *Educación ética*: enseñar a hacer propios unos valores y comportamientos que orienten la vida al bien.

Por razones didácticas y de fundamentación, empezaremos por el segundo: la educación de la voluntad y del carácter. Es muy interesante a este respecto una precisión que hace Daniel Goleman en su conocida obra *Inteligencia emocional* (Ed. Kairós) al vincular la «inteligencia emocional» con una larga tradición humanística: «Existe una palabra muy antigua para referirse a todo el conjunto de las habilidades representadas por la inteligencia emocional: *carácter*. [...] La inteligencia emocional es uno de los armazones básicos del carácter. La piedra de toque del carácter es la autodisciplina –la vida virtuosa– que, como han señalado tantos filósofos desde Aristóteles, se basa en el autocontrol. Otro elemento fundamental del carácter es la capacidad de motivarse y guiarse a uno mismo. [...] La capacidad de demorar la gratificación y de controlar y canalizar los impulsos constituye otra habilidad emocional fundamental a la que antiguamente se llamó voluntad».

He traído aquí esta cita, algo extensa quizás, porque rompe con un prejuicio muy extendido: el de despreciar una larga trayectoria de pensamiento rico en sabiduría acerca del *corazón* humano. Hace unos años José Antonio Marina denunciaba el «misterio de la voluntad perdida» y se preguntaba: «¿Cómo es posible que se haya esfumado el concepto que ha servido para explicar el comportamiento libre durante veinticinco siglos, y que nadie haya protestado?». La respuesta estaría, dice, en su sustitución por un concepto más ambiguo, el de motivación, que equivale a «tener ganas..., un fenómeno afectivo que no dominamos y en el que, por lo tanto, no podemos fundamentar nuestro comportamiento», concluye. Por eso propone devolver a la voluntad su importancia educativa.

Según él, las destrezas inherentes a la voluntad son: inhibir el impulso, deliberar, tomar decisiones y soportar el esfuerzo que supone su ejecución. Y refiriéndose al último punto, relataba algunas quejas frecuentes entre padres y educadores: «Mi niña se cansa de todo», «¿Qué hago con mi hijo, que es muy inteligente pero que no se esfuerza nada?», «No sé cómo conseguir que mi hija estudie, o que mi hijo arregle su habitación», «Parece que han nacido cansados...» Los educadores, proseguía, oímos con frecuencia estas quejas de los padres, a las que sigue siempre una pregunta: «¿Qué puedo hacer?».

El esfuerzo no es la virtud suprema, ciertamente, pero sin él no puede arraigar en el carácter ningún valor humano de envergadura. Especialmente en tiempos o en ambientes de permisividad o de hedonismo –de aprecio excesivo del placer y de la comodidad–, el esfuerzo se convierte de por sí en una virtud notable: se manifiesta en la fuerza de voluntad, la fortaleza o reciedumbre, y en la constancia, en la perseverancia.

En su libro *Todo se puede entrenar*, Toni, entrenador y tío de Rafa Nadal, escribe: «Lo que Rafael ha aprendido formándose como tenista le es útil también en su día a día. He intentado que su formación tenística fuera acompañada de lo que me parece más determinante: la formación del carácter».

14

La importancia de la voluntad

LA VOLUNTAD ES SEGURAMENTE LA BASE del carácter, de una personalidad sólida y valiosa. Consiste en *saber querer*, en decidir y elegir bien. Su consolidación más valiosa es lo que llamamos propiamente el amor.

La especie humana, a diferencia de lo que ocurre en las demás especies animales, no marca a sus miembros pautas fijas e innatas de conducta, sino que ofrece espacios para la autodeterminación de cada individuo, de cada persona.

En el ser humano los estímulos no desencadenan forzosamente una respuesta o reacción, sino una *tendencia,* la cual puede o no ser secundada por el individuo. Entre el estímulo y la respuesta se halla nuestra libertad. Nuestro querer se produce ante lo que nuestra inteligencia nos presenta como bueno en algún sentido. Por ello, en la conducta propiamente humana se da primero una cierta deliberación, una valoración racional, y después un consentimiento, una decisión, el *querer* propiamente dicho, que es el que nos hace dueños y responsables de lo que decidimos y hacemos de forma voluntaria.

Por todo esto la voluntad humana, que implica la capacidad de determinarse a sí mismo de manera consciente o *libertad*, es el ámbito donde se determina el contenido y la orientación de la personalidad de cada hombre y mujer.

La voluntad no funciona como un interruptor, sino como un complejo hábito. El *acto voluntario completo* supone 1.º querer el fin, 2.º elegir los medios y 3.º llevarlos a la práctica. O lo que es lo mismo: pretender, decidir y realizar una acción proyectada, deliberada y consentida.

Si el querer no pasa habitualmente de las intenciones, se llama *veleidad.* ¡Cuántos se quedan en este «¡Yo querría, pero…!». La persona veleidosa –como una veleta– está a merced del vaivén de las ganas y desganas. La libertad propiamente dicha se sitúa en el ámbito de la *decisión.* Y, así, somos responsables de lo que hemos decidido o elegido; si es bueno, hablamos de *mérito,* y si es malo de *culpa.*

Pero no debe olvidarse el momento que los clásicos llamaban la *fruición,* la satisfacción que brota del logro efectivo de aquello que se buscaba y que da cumplimiento a todo el proceso. Las posturas voluntaristas o rigoristas desatienden este último momento, cayendo en un mero «querer por querer» (reducen la voluntad al esfuerzo). Consideran que lo esencial de la voluntad es el esfuerzo en lugar del amor, lo cual es propio de la «voluntad de poder» y lleva a endurecer el carácter, a la obcecación y a la insatisfacción.

Sin una voluntad firme (lúcida, paciente, perseverante) no es factible la verdadera libertad, es decir, el dominio del propio obrar y su orientación al bien, la verdad y la belleza.

No planteamos aquí que la voluntad deba asumir un papel absoluto en la dinámica vital de las personas, ni siquiera en la educación. Se trata de que la voluntad «sirva», de acuerdo con su naturaleza propia, al bien íntegro de la persona, a la maduración de la personalidad. La educación de la voluntad es también educación del corazón: no anulación, sino cauce ordenador de la sensibilidad y de la vida afectiva para configurar la unidad vital de la persona y su orientación al bien, la verdad y la belleza. Hablamos, en fin, de un modelo de educación personalizadora y de su olvido generalizado en algunos de los modelos educativos actuales.

15

El papel del esfuerzo en el proceso educativo

EXISTE EN LA EDUCACIÓN DEL CARÁCTER y la personalidad un aspecto que tiene mucho que ver con el logro del autodominio. Se trata del hábito del esfuerzo. Es un hecho de experiencia que ni todo lo que nos agrada es bueno ni lo bueno es siempre apetecible, pues a menudo resulta costoso y es necesario pugnar frente a las dificultades.

El esfuerzo –esa determinación de la voluntad con la que se afrontan situaciones costosas– puede no ser *una* virtud como tal, pero sí es un ingrediente de *toda* virtud genuina. La generosidad, el respeto, la paciencia, la resistencia a la frustración, la responsabilidad, el esmero en el trabajo, la constancia, la compasión… toda virtud, en fin, se adquiere por reiteración de actos a impulsos de una voluntad persistente.

Al principio supone autoexigencia, insistencia, afán de superación…, pero en cuanto el hábito empieza a consolidarse la actividad resulta más fácil, produce alegría y con ella un plus de motivación que es fuente de una experiencia educativa valiosísima: la satisfacción del deber cumplido, el gozo de superarse y de haber sido capaz de conseguir las metas planteadas, con la consiguiente autoconfianza. La alegría interior que sigue a la coronación exitosa de un esfuerzo es una fuente extraordinaria de motivación y nos hace conocer una forma de alegría muy superior al placer sensible inmediato.

Por este motivo no hay que evitar esfuerzos a los niños y jóvenes; tienen que aprender a resolver los problemas que son capaces de resolver, contando con el apoyo emocional de sus padres y maestros, pero aprendiendo a ser los protagonistas. En general se trata de no dárselo todo hecho, de que aprendan a conseguir metas algo difíciles por medio de su esfuerzo y res-ponsabilidad. La prudencia ha de acompañar esta práctica de la exigencia.

El comportamiento moral positivo implica escuchar la voz del deber, la cual orienta la voluntad hacia el bien pero suele ser austera, exigente y frustra algunos de nuestros deseos más primarios. A partir de los quince meses los niños necesitan saber que a menudo hay que hacer cosas poco agradables para con-seguir una meta valiosa y más satisfactoria a la larga. Para ello es necesaria una adecuada disciplina: cuidar el orden, estableci-miento de límites, fomentar el gusto por el trabajo bien hecho, propiciar el autocontrol aprendiendo a dominar caprichos y a sobrellevar con buen ánimo estados y situaciones de frustración. Importa mucho aquí valorar su esfuerzo tanto, al menos, como el resultado final.

Es muy importante enseñar a aplazar la recompensa, como confirma el famoso experimento en 1960 del Dr. Walter Mischel, de la Universidad de Stanford, conocido como *Test del Malvavisco* (*The Marshmallov Test*).

Pero no es cuestión tampoco de «obrar sólo por amor al de-ber», como decía Kant (eso sería caer en el voluntarismo y el rigo-rismo, que son degeneraciones de la voluntad), sino en obrar por amor al bien y a las personas, para lo cual el deber, eso sí, es una gran ayuda.

No hay que olvidar tampoco una evidencia pedagógica y moral: las consecuencias en nuestra naturaleza del pecado original. Preferimos lo fácil y lo cómodo a lo bueno y tendemos a anteponer nuestro egoísmo a la generosidad y a la justicia. Ello acentúa el valor educativo del esfuerzo, además, claro está, de hacer necesaria también la ayuda sobrenatural de la gracia.

16

Metas e ideales en la educación

Hemos venido diciendo que la educación del carácter pivota en gran medida sobre la educación de la voluntad. Convendría resaltar a este respecto que el olvido de esta facultad en educación pasa por una generalizada dificultad a la hora de tomar decisiones y de proponerse metas valiosas como horizonte del desarrollo personal.

En muchas personas, jóvenes y adultas, la voluntad no llega a desarrollarse porque no tienen capacidad de plantearse metas valiosas de cierta envergadura, lo cual va de la mano con una notable incapacidad para tomar decisiones. Una de las imágenes típicas de la persona sin voluntad es precisamente la del indeciso. Esta disfunción de la capacidad de elegir procede con frecuencia del rechazo al sacrificio que supone renunciar para conseguir algo.

Toda elección implica siempre renuncia. El indeciso, al pretender sustraerse a esa ley, termina bajo el imperio del deseo. Son esas personalidades acomplejadas definidas por Remo Bodei como «personalidades deseantes»: buscan elecciones sin vínculos, relaciones sin lazos, «altruismos indoloros». Es el producto de un clima social en el que el simple deseo de algo da derecho a poseerlo sin demora e incapacita para asumir la responsabilidad y el riesgo que lleva consigo toda elección.

El adecuado desarrollo de la voluntad y del carácter dentro de una formación integral de la persona supone también la capacidad de ponerse metas valiosas, ideales. Decía Víctor Frankl: «Considero un concepto falso y peligroso para la higiene mental dar por supuesto que lo que el ser humano necesita ante todo es equilibrio o, como se denomina en biología, 'homeostasis', es decir, un estado sin tensiones, una forma de bienestar cómodo. Pero lo que el ser humano realmente necesita no es vivir sin tensiones, sino esforzarse y luchar por una meta que le merezca la pena».

Pretender la forja de voluntades fuertes sin metas que las atraigan, acometer un «cómo» arduo sin tener un «para qué» valioso, puede terminar en neurosis o soberbia, en puro narcisismo, en contorsionismo intrascendente. El cultivo de la voluntad no es el exhibicionismo estoico de quien se «machaca» en el gimnasio para modelar los músculos y presumir ante sí mismo y los demás.

Por eso es central en la práctica educativa alumbrar en los educandos grandes ideales donde dirigir la mirada y apartarla de su yo en riesgo de ser convertido en ídolo. El ideal —la excelencia bien entendida: dar lo mejor de uno mismo por el bien de los demás, por una causa valiosa, justa y noble— ilusiona, aviva la voluntad, proporciona sentido.

Hoy, en tiempos de posverdad y pragmatismo, vemos claramente que si no hay posibilidad de hacer juicios objetivos porque, se dice, no hay verdad ni certezas, entonces todo es pura subjetividad, relativismo. Todo, pues, vale igual. Y si todo vale igual, nada vale nada. Y si nada vale nada ¿para qué poner en movimiento la voluntad, comprometerse? He aquí uno de los rasgos de nuestra crisis cultural. El ocaso de los ideales trae consigo el olvido de la voluntad y viceversa. No nos engañemos ni engañemos a los jóvenes: no hay posibilidad de una voluntad libre sin la presencia de ideales nobles, trascendentes. Gabriel Marcel afirmaba que hay dos formas de ser inservible para el mundo: o volviéndose de espaldas, o sumergiéndose en él.

17

La educación de la afectividad

Nos hemos referido en artículos anteriores a la *educación del corazón* entendida como formación integral o educación personalizadora; y destacábamos en ella tres aspectos nucleares: la educación de la *afectividad*, de *la voluntad o el carácter* y la educación *ética*. Hemos reflexionado ya sobre la educación del carácter, y empezaremos a hacerlo ahora sobre la educación de los afectos. Aunque ya aludimos a ella anteriormente de pasada, conviene precisar ahora algo más.

La afectividad es una dimensión de nuestra naturaleza que es preciso tener muy en cuenta si queremos educar de manera equilibrada, integral, plenamente humana. Emociones, sentimientos, estados de ánimo, sensibilidad artística, compasión, deseos, ilusiones, miedos, impulsos, apetitos... son vivencias que surgen y actúan cuando percibimos algo que nos agrada o que nos disgusta, que nos atrae o nos amenaza, sacándonos de la indiferencia.

El poder de nuestras emociones es formidable. Gracias a su impulso se pueden alcanzar logros difíciles y afrontar adversidades que amenazan con ahogar nuestra resistencia e incluso nuestra vida. Por amor o por ira, por la fuerza de nuestras ilusiones o por el deseo de que se nos trate justamente, o incluso por desesperación, somos capaces de hacer y soportar lo que nuestra voluntad por sí sola no podría.

Pero las vivencias emocionales, las pasiones y los afectos poseen una espontaneidad, una fuerza y una fluctuación que a menudo los hacen difícilmente gobernables. Y al depender muy directamente de estímulos de agrado y desagrado pueden también ser susceptibles de manipulación externa. Decía Aristóteles, que la voluntad domina los apetitos hasta cierto punto, con imperio «político» y no «despótico». No tenemos un poder absoluto sobre ellos porque poseen una dinámica propia, suelen resistir al mandato de la razón y solo cabe regularlos y dominarlos con esfuerzo, habilidad y paciencia, y no siempre. Si no se integran los sentimientos y los afectos de manera adecuada con la voluntad y con la inteligencia, el resultado es una vida llena de tensiones conscientes o inconscientes y en todo caso nada saludables.

Gregorio Luri decía recientemente, con clarividencia de maestro: «Dudo mucho de que las emociones puedan organizarse a sí mismas sin la ayuda de un principio no emocional. Más importante que hablar de emociones es saber qué tipo de personas aspiramos a ser.»

La voluntad –instancia operativa racional– debe orientar la conducta, dirigiendo la agresividad y la apetencia de placer –instancias operativas sensibles– y engendrando actitudes y hábitos enriquecedores para nuestra vida y la de los demás. Es el cauce de la autoposesión personal, del autodominio. Sólo quien se posee a sí mismo, por ser dueño de sus actos, puede darse a sí mismo, amar con autenticidad, hondura y constancia.

Es preciso orientar racionalmente nuestras emociones para que sirvan al bien y a la verdad, a lo justo, a lo que es moralmente digno, que son aspectos que corresponde dilucidar y plantear a la inteligencia y la voluntad. Eso no es excluir las emociones. La afectividad necesita ser educada –no anulada– para que nos ayude a configurar nuestra personalidad de manera armónica y cabal.

Pero para no caer en el voluntarismo y la insensibilidad –que, como ya dijimos en su momento, son deformaciones tan extremas como pueda serlo el emotivismo– es preciso dar su importancia al papel de los afectos y al cultivo de la sensibilidad.

18

Sensibilidad y asombro: ver con el corazón

LA EDUCACIÓN DE LOS AFECTOS consiste en asumir, potenciar y ordenar el conocimiento y la vivencia de toda su riqueza al servicio de una personalidad creativa, firme y magnánima. Aspiramos a promover en nuestra vida un modo de sentir y desear que sintonice con lo valioso. Se trata de «aprender a mirar», de «saber gozar» y también, sin duda, de «saber sufrir».

Hay en la vida afectiva un primer momento de *receptividad:* algo nos afecta, nos saca de la indiferencia, nos atrae o nos desagrada, nos alegra o nos hace temer o sufrir. Es lo que llamamos *sensibilidad,* una primera fuente de conocimiento y de valoración del mundo: personas, cosas y acontecimientos se muestran ante nosotros como atrayentes y bellos, como deseables; pero también como temibles, desagradables, dañinos…. La sensibilidad hace posible el asombro, la admiración, el deseo, la compasión, la percepción de la belleza, la ternura, la finura de conciencia… y también estados e impulsos de repulsa, como la aversión, el miedo o el sufrimiento.

Educar la sensibilidad significa cultivar mediante experiencias adecuadas la percepción y el aprecio del valor de las cosas, pero distinguiendo además si, más allá del agrado y el desagrado, hay una realidad valiosa de suyo, algo que de verdad merece la pena. Apreciar la belleza –estética y moral– allí donde se encuentre y apenarse espontáneamente ante lo injusto, lo malo. Se trataría de *aprender a mirar para aprender a vivir*.

Implica también aprender a ver en las realidades ordinarias y en los pequeños detalles indicios de lo eterno. Esta educación suele producirse por contagio: personas de referencia que han aprendido a mirar con finura, a *ver con el corazón* yendo más allá de las apariencias, ofrecen con su ejemplo claves y actitudes que despiertan en otros su sensibilidad. Es tarea esencial en la familia. Debemos a Machado, por ejemplo, el descubrimiento de la belleza de los paisajes de Soria, hasta entonces considerados como anodinos. Nos enseñó a mirarlos y amarlos, porque supo descubrir su «alma».

Es fundamental aquí el cultivo del *asombro*: reconocer y hacer ver en la realidad algo sorprendente, que nos supera, que nos es *dado* de algún modo, que no hemos fabricado a capricho y que por lo tanto no debemos ni podemos manipular a nuestro antojo sin dramáticas consecuencias. El asombro nos hace humildes, genera algo tan esencial como el *respeto*. Hace contemplar la realidad con agradecimiento, delicadeza, sentido del misterio y admiración.

Sin esta mirada capaz de contemplar y de asombrarse todo se vuelve banal; al acontecimiento maravilloso se le llama «casualidad» o se ignora; se pierde la capacidad de agradecimiento, no es posible captar la belleza de lo real –incluyendo la belleza moral e interior de las personas– ni conocerse a uno mismo.

Como en casi todo comportamiento humano, la virtud, el acierto, es un equilibrio a veces difícil entre dos extremos perniciosos. Tan nocivos son la hipersensibilidad, la afectación y los escrúpulos que viven en la desproporción y la culpa, como la insensibilidad, la dureza de carácter, la trivialidad y el pragmatismo, que se alojan en el desprecio o la superficialidad.

Dar presencia al mundo de la afectividad en la educación es ayudar a que la rigidez de la razón se flexibilice con la calidez de la afectividad, pero conseguir, al mismo tiempo, que la afectividad escuche a la razón y siga sus orientaciones para conocer el bien, la verdad y la belleza.

19

Educación y alegría (1)

LA MADUREZ EMOCIONAL Y EL EQUILIBRIO personal se alcanzan fomentando y orientando la afectividad (sensibilidad, asombro, emociones, pasión…) para que sintonice con el bien en todas sus modalidades. No se trata solo de saber hacer el bien e incuso de hacerlo, sino de *querer* hacerlo y de hacerlo *con alegría*, con el gozo de quien aprecia el bien y la belleza allí donde se encuentren. La educación afectiva persigue enseñar y aprender a emocionarse, más aún, a apasionarse con el bien.

La alegría es un sentimiento de satisfacción que acompaña al conocimiento, a la posesión y a la realización de algo que nos agrada. Es en cierto modo una reacción espontánea, pero también es educable porque no todo lo que nos agrada es necesariamente bueno, conveniente o saludable. Hay que aprender a alegrarse con lo que es en verdad valioso distinguiendo la apariencia y la realidad, lo superficial y lo profundo.

Pero la alegría es también muy importante para la educación, porque lo que se aprende con alegría se aprende mejor. Y si queremos ayudar a las personas a que busquen y alcancen la felicidad, será preciso cultivar la reflexión y la fuerza de voluntad, pero también –y no menos importante– la sensibilidad hacia el bien, la verdad y la belleza. Y el mejor caldo de cultivo para todo ello es sin duda la alegría.

Pongamos un caso bastante frecuente. Durante los fines de semana no son pocos los jóvenes que consumen alcohol en calles, jardines y plazas para divertirse y que buscan de forma intencionada la embriaguez. Ese estado eufórico descontrolado da lugar a una desinhibición, a un estado emocional en el que se rehúye o se banaliza la responsabilidad moral y la conciencia se anestesia y adormece. Al principio uno «se siente bien» y experimenta el deseo de satisfacer las ganas y apetitos de manera inmediata, sin pararse a pensar y valorar si es adecuado o no, qué consecuencias puede acarrear...

La cuestión es: ¿qué busca un joven o una joven que busca embriagarse cada fin de semana y que después, en no pocos casos, presume normalmente de ello ante los demás? Obviamente, busca un sucedáneo de felicidad: «pasarlo bien» y «sentirse bien» en complicidad con sus amiguetes o «colegas».

Aquí no vamos a tratar de cómo ha de atajarse este fenómeno, si con leyes estrictas o acciones policiales, por ejemplo. La cuestión de fondo que nos planteamos es qué pasa por esas mentes y esos corazones para caer en semejante atolondramiento, y qué se puede hacer desde el punto de vista educativo para prevenirlo y evitarlo (o tal vez, incluso, reconducirlo).

No se trata simplemente de prohibir. Una prohibición, en el mejor de los casos, puede evitar una conducta inadecuada, pero no ayuda a «querer» hacer lo correcto.

Vayamos por partes. Las actitudes y valores humanos presentan tres componentes: a) Cognitivo (conocimientos, creencias, criterios... *pensar*) b) Afectivo (sentimientos, preferencias, convicciones... *sentir*) c) Conductual (acciones, posturas, reacciones, hábitos... *actuar*).

Por ello, si queremos intervenir educativamente en el fomento de actitudes y valores positivos se precisa: 1) una *clarificación de criterios y de valores*, 2) una apelación a los *resortes emocionales*, y 3) algún tipo de *ejercicio* que haga posible la interiorización de conductas por medio de una práctica reiterada, reflexiva y voluntaria.

En lo que sigue, intentaremos aplicar todo esto a la educación de la alegría.

20

Educación y alegría (2)

Si queremos fomentar un valor humano, por ejemplo la alegría, decíamos que es preciso considerar tres aspectos: *pensar* (clarificar ideas), *sentir* (sintonizar con el bien) y *actuar* (adquisición de hábitos mediante la práctica).

La alegría, desde luego, se siente. Pero hay que aprender a distinguir alegrías y goces *aparentes y superficiales e inmediatos* de gozos *reales, estables y profundos.* Es preciso ayudar a experimentar la satisfacción que acompaña a la realización del bien, descubriendo por qué ocurre esto; es preciso también cultivar la sensibilidad hacia lo bueno y el rechazo de lo malo; y en tercer lugar, fomentar la fortaleza de carácter que se requiere para orientar habitualmente el comportamiento hacia bienes y satisfacciones nobles.

Hay una forma de satisfacción y de alegría que es consecuencia de haber obrado bien. Por ejemplo, cuando uno se siente útil a otra persona después de haberle dedicado tiempo, ayuda, consejo…; o cuando se ha superado una importante dificultad, o se ha concluido bien una tarea costosa. Esa alegría brota del interior y se manifiesta radiante y creativa. Va *«de dentro a fuera».*

Esa forma de alegría es muy diferente de otras pasajeras, de la satisfacción de una necesidad vital inmediata (fisiológica, por ejemplo), que por así decir viene *«de fuera adentro».* Este tipo de satisfacciones, suelen ser momentáneas y pueden ser excitantes, intensas e incluso vertiginosas, pero suelen ser menos estables, menos profundas y menos valiosas. Proporcionan contento e incluso euforia, pero no verdadera elevación humana ni suscitan la creatividad. Incluso pueden resultar nocivas.

El consumismo y la publicidad tienden a borrar la frontera entre la necesidad auténtica y el mero deseo, entre el gozo profundo y el placer inmediato. La capacidad de alegrarse con los bienes que satisfacen *de verdad* necesidades importantes del corazón humano constituye un fin y a la vez un medio de educación. Es esencial aprender a reconocer la verdadera alegría y lo que la produce, distinguiéndola de otras formas de placer que sólo excitan pero no nos hacen bien. Y, por otra parte, lo que se aprende con alegría se aprende mejor. Se trata, así pues, de fomentar el discernimiento y la automotivación.

Se ha dicho sabiamente que hay más gozo en dar que en recibir. Pero la diferencia entre ambas formas de satisfacción sólo se percibe bien *cuando se experimenta*. Por eso, cuando uno ha experimentado que el goce inmediato no es tan satisfactorio como la generosidad alegre o la meta alcanzada, es más fácil optar por conductas o situaciones más dignas aunque no sean tan atrayentes para una primera impresión.

Es preciso haber saboreado el bien auténtico, real y verdadero, para comprobar que otros placeres «no saben» igual de bien, dejan vacío, no sacian de verdad, y que las cosas no siempre son como aparentan. Y también tener fortaleza para decir «no» a algo que atrae pero que no es realmente valioso. Sólo quien sabe que *ese «no» es en realidad un «sí» a un gozo y a un bien mayores* tiene fuerza para no dejarse fascinar. De ahí la importancia de una temprana dedicación de niños y jóvenes a tareas que supongan una entrega generosa y abnegada, fuente de satisfacciones personales profundas.

No es bueno incentivar por medio de la codicia, sino impulsar a la superación de sí mismo y a la generosidad. En un corazón pleno y radiante no hay necesidad de llenar o disimular carencias y vacíos afectivos.

21

Educación y alegría (y 3)

PARA CULTIVAR EL VALOR DE LA ALEGRÍA hacen falta *ideas claras* sobre el gozo que brota de lo bien hecho y de hacer el bien, y la nimiedad de tantos placeres y satisfacciones aparentes. Para ello hay que *saborear emocionalmente* la satisfacción de haber logrado el bien y que a menudo «las apariencias engañan», aprendiendo de este modo a «sintonizar» afectivamente con el bien y a experimentar aversión hacia el mal. A esto ayuda la experiencia ajena –los modelos de la ficción y de la realidad cercana– y, desde luego, también la propia, cuando se saben extraer conclusiones y lecciones para la vida.

Pero es preciso también que *arraigue en la práctica el hábito* de disfrutar y suscitar alegrías y gozos que valen la pena, que a menudo se alcanzan por medio de sacrificios y renuncias inmediatas. Así es como se adquiere un carácter alegre, optimista, generoso, emprendedor, jovial, afable. Todo ello generalmente se enseña y se aprende por contagio: aprendemos viendo que aquellos que son referentes para nosotros son muy felices viviendo así.

¿Qué *actitudes* pueden ayudar a vivir con alegría y a suscitarla educativamente? Caben muchos ejemplos: Ser agradecido, sonreír más habitualmente, procurar hacer la vida más amable a los demás, ser paciente, compartir la propia alegría, procurar que los cercanos se sientan apreciados, queridos, tenidos en cuenta…, disfrutar de las cosas sencillas y cotidianas, procurar descubrir lo positivo de las personas y de los acontecimientos, aceptar con sencillez las propias posibilidades y limitaciones, aprovechar los errores para aprender, no obsesionarse con lo que nos falta, con lo que nos sale mal, no perder tiempo y humor en lamentaciones acerca de lo irremediable, de lo que ya ha pasado…, crear oportunidades de pasarlo bien juntos en familia, en amistad: hacer especial el estar juntos, reír juntos…

Podría también proponerse alguna *pauta educativa*, a partir de los primeros años: lo primero, amarles incondicionalmente, con independencia de sus cualidades, y que se den cuenta. Sonreír mirando a los ojos, mostrar un semblante habitualmente afable en el trato. Reconocer tanto el esfuerzo como los logros obtenidos y, siempre, la buena intención; darse cuenta de lo positivo y decirlo, animando a que se construyan una imagen real y positiva de sí mismos y adquieran confianza en su capacidad. No quedarse pendiente de lo que se hace mal y atender más a lo positivo, a la buena intención, a las posibilidades y retos de mejora.

Es muy importante dedicar a cada uno un tiempo especial para hablar, escuchar, comentar; escuchar sin juzgarles continuamente, esto genera confianza. Enseñar a convertir las quejas y críticas en sugerencias, peticiones y aportaciones. Facilitar experiencias de logro y superación personal, animando a tener iniciativas, a descubrir por sí mismos, no ahorrarles esfuerzos y por lo tanto logros. Descubrir algo que hacen bien y apoyarse en sus puntos fuertes para suscitar su generosidad y otras metas más altas. No tener miedo a exigir en proporción a lo que el niño sabe y puede. Premiar más que castigar, reconociendo, celebrando y agradeciendo lo bien hecho. Promover celebraciones y festejos familiares en los que se fomente una alegría sana y sincera: pasarlo bien juntos, compartiendo tiempos, juegos, aficiones…

Es bueno recordar que lo que se aprende con alegría se aprende mejor y que quien se esfuerza por regalar flores de alegría… tendrá siempre las manos perfumadas.

22

La importancia de la autoestima

UNA DE LAS CLAVES DE LA «EDUCACIÓN AFECTIVA» es el desarrollo de una valoración ajustada de uno mismo. Ello implica conocer las propias fortalezas y debilidades de manera realista, mostrarse seguro de sí mismo en la realización de tareas y actividades y en la relación con los demás, de manera que al juzgar y al expresarse prevalezca la asertividad, así como una aceptación natural de las observaciones y las críticas.

La imagen que tenemos de nosotros mismos, el *autoconcepto*, se empieza a adquirir en los primeros meses, al percibir *cómo nos valoran los demás*: según nos tratan, así nos sentimos. A partir de esa imagen, que vamos perfilando con el paso de los acontecimientos, adquirimos una mayor o menor *confianza en nosotros mismos*, a la que llamamos *autoestima*.

La autoestima está en la base de nuestra personalidad. Uno se siente capaz, valioso o, por el contrario, inseguro, indigno, poco valioso. Todo empieza con el *sentimiento de confianza básica*, sobre todo en el primer año y medio de nuestra vida. El bebé recibe el calor del cuerpo de la madre y sus cuidados amorosos y se siente en cierto modo «centro del universo». La presencia o ausencia de este sentimiento básico influirá significativamente en el desarrollo emocional y social del niño. Según Erikson, desarrollar este sentimiento básico lleva a percibirse como alguien que «vale» para los demás; por el contrario, no haberlo hecho origina una imagen y valoración de sí mismo inestable e insegura. En consecuencia, la vida aparecerá como algo estimulante y positivo o, por el contrario, como algo negativo y hostil.

A continuación, a partir del año y medio, es bueno que sobrevenga en el niño la conciencia de los propios límites, que se dé cuenta de que hay que compartir nuestro escenario con otras personas que también reivindican su lugar y sus derechos, lo que irá aportando un sentido de la realidad y de los propios deberes, absolutamente necesario para evitar caer en el egocentrismo y la dependencia afectiva.

Las personas con alta autoestima tienen una visión de sí mismas bien articulada y positiva, se conocen mejor. Confían en sus fuerzas, capacidades y virtudes, por lo que se muestran activas, asertivas y motivadas para buscar el éxito; muestran mejor rendimiento en muchas áreas de su actividad y en sus relaciones.

Las personas con baja autoestima, por su parte, muestran inseguridad acerca de sí mismas y en sus capacidades; son más inestables, dependen mucho del juicio ajeno, de hechos concretos, se sienten más vulnerables y muestran más dificultades para enfrentarse a la adversidad. Están más motivados por evitar el fracaso, el rechazo, la humillación, que por alcanzar el éxito. Son por ello más dependientes.

Para ayudar a un niño o una niña a que mejore su autoestima, lo primero que hay que hacer es ganarse su confianza, asegurándole que nuestra estima es incondicional y que no depende de su éxito o fracaso. Ayudará responder a sus necesidades, jugar con él o ella, implicarle en las tareas de ayuda en casa, reconocer y alabar sus éxitos, ofrecerle ayuda adecuada –nunca excesiva–, alentarle a que se conozca y se acepte, a explorar y consolidar sus capacidades y, a partir de aquí, a que se arriesgue, con cierta cautela. El miedo sólo desaparece afrontando el miedo.

Es muy importante, en suma, aprender a tolerar la frustración. Pero de esto hablaremos seguidamente.

23

Autoestima y tolerancia de la frustración

PARA AYUDAR A UN NIÑO O NIÑA a mejorar en su autoestima es preciso que aprenda a afrontar los problemas y limitaciones, incluyendo también los fracasos. Es importante asumir que la frustración forma parte de la vida, porque las cosas no siempre resultan como esperábamos y las ilusiones que teníamos puestas en algo a veces no se cumplen. Muy a menudo no se puede evitar, pero sí podemos aprender a manejarla y a superarla.

La baja tolerancia a la frustración causa bloqueo, desaliento, enfado e incapacidad ante las molestias y problemas, provocando la huida o la mala solución de los mismos. A veces, ante un niño con baja autoestima, los padres se dejan llevar por la pena, le sobreprotegen y dejan de apoyar sus esfuerzos. Toman las decisiones por él, excusan su conducta, hacen sus deberes escolares o cuidan en exceso sus necesidades personales. Les ahorran las consecuencias de sus errores, pero les hacen más vulnerables y dependientes, con lo cual, sin quererlo, alimentan más en ellos la creencia de que son incompetentes o torpes.

La protección real consistiría en enseñar a estos niños a tomar decisiones eficaces para afrontar los retos que se les presentan y en alentar sus esfuerzos, en ayudarles a fijarse objetivos alcanzables y a pensar en planes para lograrlos, en ayudarles a ver lo que pueden y no pueden controlar.

Desde hace unas décadas, se ha generado una verdadera industria de libros de autoayuda y de programas de mejora de la autoestima no muy bien orientados, derivando hacia una autoestima vacía y narcisista. La falsa autoestima, especialmente cuando busca negar una imagen poco gratificante de sí mismo y no lleva a una autoaceptación sincera, puede causar muchos daños.

La atención a la autoestima se torna enfermiza cuando para evitar ciertos males se siguen pautas como: no culpabilizar en absoluto, hacer todo fácil y rebajar los ideales para evitar la decepción, aprobar o excusar cuando uno no lo merece, alabar independientemente del comportamiento, recibir premios sin estar relacionados con sus acciones. De esta forma artificiosa se puede conseguir que los niños se sientan bien, pero se les hace consentidos y no se les prepara sólidamente para enfrentarse a una realidad testaruda y frustrante.

Una autoestima saludable no consiste en decirse constantemente lo valioso que soy. Hay que promover por el contrario una autoestima ganada, merecida. Los padres harían un gran servicio a sus hijos ayudándoles a desarrollar habilidades para actuar con responsabilidad personal y preocuparse por los demás.

Los niños necesitan aprender a identificar, expresar y controlar sus sentimientos, a controlar sus impulsos y a demorar la gratificación, a manejar las situaciones de ansiedad y a perseverar frente a los reveses y dificultades de la vida, mantener el interés aunque no les guste el trabajo que tienen que hacer.

El niño que adquiere el dominio de sí mismo, se responsabiliza de sus acciones y se esfuerza por alcanzar metas valiosas, estará preparado para afrontar los retos de la vida en su trabajo y en las relaciones sociales, y la autoestima vendrá sola. La nadadora Teresa Perales, poseedora de veintisiete medallas olímpicas y veinte medallas en los campeonatos mundiales, recomienda: «No pidas una carga ligera, ni penalidades, pide una espalda fuerte capaz de sobrellevarlas.»

Con frecuencia, somos más felices cuando nos implicamos en actividades que no nos hacen pensar en nosotros mismos. Paradójicamente, la autoestima positiva se desarrolla cuando uno se olvida de sí mismo.

24

La educación de la afectividad en la infancia

LO PRIMERO Y MÁS IMPORTANTE que los padres deben dar a los hijos es la *seguridad* de su amor y de su aprecio. Pero el primer requisito para ello es el de su presencia efectiva y su disponibilidad: verse, tratarse, hablar, escucharse..., estar. En el ámbito familiar, el tiempo es ante todo un «tiempo disponible».

De cómo los padres hablen y presten atención al hijo, de las relaciones que mantengan con él y entre sí, depende el modo como el niño conocerá más tarde el mundo y a sí mismo, y desarrollará su conciencia, su sociabilidad y sus trabajos. Se entenderá, por ejemplo, a sí mismo como un ser que comete errores, *pero que se abre cada vez a un amor más grande*, o quedará apremiado para toda la vida por exigencias a las que no podrá corresponder. De igual modo, la primera imagen que los niños pequeños tendrán de Dios será precisamente el trato que reciben de sus padres, que será su referencia básica al respecto.

La vivencia, receptividad y desarrollo de los valores humanos están fuertemente entrelazados con los afectos. A partir de esta base se irá configurando la personalidad teniendo además en cuenta las experiencias, relaciones y decisiones que vendrán más adelante.

El punto de partida, como decíamos, es brindar al niño seguridad y aprecio. Necesita percibir que es querido: atendido, comprendido, aceptado y valorado. Todo motivo para mejorar se basa para él inicialmente en el cariño y la ilusión. Por ello son de la mayor importancia las figuras de apego y referencia –lógicamente, los padres en primer lugar–, porque el adulto cercano es el intermediario entre el niño y la realidad en la que empieza a introducirse.

Paulatinamente se irán incrementando el discernimiento y la objetividad, pero se empieza por aprender de verdad aquello que se vive y se ve vivir a otros. De ahí la permanente importancia de los ejemplos y modelos, por el extraordinario poder educativo de la imitación.

Y de ahí también, por ejemplo, el gran potencial educativo de las narraciones para el cultivo de los afectos y de los valores, porque en ellas se utilizan acontecimientos como si se hubieran vivido y por lo tanto se muestran como imitables.

Por otra parte, leer un libro a los niños pequeños permite fortalecer los vínculos afectivos que ya existen desde el nacimiento, lo cual será la base para las relaciones que el pequeño establecerá con las demás personas a lo largo de su vida. Contarlo o leerle un cuento a un niño implica una actividad de apego y será uno de los momentos que atesore durante toda la vida, incluso inconscientemente.

Cuando una mamá le lee a su hijo, se está dando un encuentro muy íntimo, en el que su voz, la más próxima y cercana al bebé, lo acoge cariñosamente mientras narra historias, canta canciones… Cuando lo hace el papá a su vez, se refuerza de manera decisiva el sentimiento de autoestima por parte del niño o niña. Es un tiempo para compartir juntos que supone una dedicación exclusiva para él, lo que fomentará en el niño o niña la confianza en sí mismo.

25

Fomentar los valores humanos en la infancia

VENÍAMOS DICIENDO QUE lo más importante que los padres deben dar a los hijos es la *seguridad* de su amor y de su aprecio. A partir del sentimiento de confianza básica se irá desarrollando su autoestima y, con la paulatina introducción de la conciencia del límite y de la realidad objetiva, se consolidará poco a poco su personalidad.

Volvamos ahora a la vivencia, receptividad y desarrollo de los valores humanos, que en los primeros años vienen fuertemente entrelazados con el desarrollo de los afectos y el aprendizaje de los primeros hábitos.

Recordemos que el valor y la virtud poseen tres aspectos o dimensiones: cognitivo (criterios, ideas claras…), emotivo (atractivo, pasión, ideal, deseo…) y conductual o práctico (realización efectiva, hábito arraigado, experiencia). La educación moral e integral de la persona no debe olvidar ninguno de esos tres aspectos que, adecuadamente integrados desde el principio, dan lugar a una interiorización y a un primer arraigo en la incipiente formación de la personalidad en el niño pequeño.

Bueno, ¿y por dónde empezar? Obviamente, a partir de aquel o aquellos valores y actitudes para los que se está mejor dispuesto.

A riesgo de simplificar, podemos distinguir tres fases al respecto, aunque cada una se apoya obviamente en el cimiento de la anterior:

HASTA LOS 3 AÑOS predominan la espontaneidad, la dependencia afectiva y un elemental egocentrismo. Pueden y deben empezar a arraigar desde los dos años algunos hábitos básicos (obediencia, rutinas de orden, autocontrol...)

DE 4 A 7 AÑOS predomina la imitación y una mentalidad «contractual» en la aceptación de normas («Doy y me das»); puede ir arraigando la responsabilidad (asunción y realización de tareas...) y, a partir de los seis años, la generosidad y la reflexión.

DE 8 A 12 AÑOS se acentúa el valor de la norma, y a la vez se empiezan a entender y reclamar seriamente los porqués.

Y, así, en los primeros años, la costumbre de obedecer a los mayores, de realizar determinados servicios en la casa, de recoger los juguetes o de ordenar la habitación, por ejemplo, pueden adquirirse muy tempranamente, como un juego o como un modo de dar y de recibir afecto, sobre todo al principio, y también como una norma que hay que cumplir.

Posteriormente vendrán las explicaciones razonadas y los principios de convivencia. Las razones, cuando lleguen, encontrarán ya preparado el terreno de una conducta que resulta fácil llevar cabo, gracias a las costumbres y hábitos adquiridos tempranamente.

El niño, la niña aprenden cuando actúan, cuando quieren conocer o conseguir algo. En su modo de comportarse y de pensar se da un predominio de *lo afectivo y de la actividad*. Comprenden cuando *hacen*, cuando participan activamente y *obtienen algo positivo a cambio del esfuerzo* realizado. El refuerzo afectivo del cariño y la aprobación de los padres es la herramienta educativa más poderosa de estos.

Sería un error querer ganar la estima del niño dándole facilidades o evitándole el esfuerzo de superarse a sí mismo, o de cumplir determinadas normas. No hay que darle las cosas hechas, sino enseñarle y ayudarle a conseguirlas; y brindar, con la actitud y con los gestos de agrado y de afecto, la experiencia de una satisfacción que confirme el valor de lo que ha obrado o ha intentado realizar por sí mismo.

26

Educar es ayudar a la maduración de la persona

Nuestra vida no se nos ha dado hecha: hay que desarrollarla. Cada uno de nosotros, cuando nació, hubo de ser acogido, cuidado, atendido. La naturaleza humana, tal como se muestra en el niño recién nacido y a diferencia de lo que ocurre en las demás especies animales, presenta una inicial y apremiante indigencia, un cúmulo de necesidades que es preciso satisfacer y de capacidades que es necesario ayudar a cultivar. Pero tal desarrollo no es algo añadido desde el exterior, sino un crecimiento cuyo protagonismo ha de ir asumiendo el propio ser humano, según su capacidad, contando con la ayuda de otros.

La educación es precisamente esa ayuda encaminada a suscitar y fortalecer en la persona humana las posibilidades creativas y efusivas de su libertad mediante la adquisición y el cultivo de hábitos virtuosos. La acción educativa, recordemos, consiste en suscitar la virtud, la orientación responsable de la persona al bien. La educación es en lo esencial un proceso de ayuda a la maduración de la persona.

Para subsistir y para aprender, para conocer el mundo y a nosotros mismos, para desarrollarnos, necesitamos la dedicación, la experiencia y la aportación de otras personas. Para todo ser humano vivir es convivir, compartir la propia vida con otros semejantes.

No somos islas. Por ello, el desarrollo de la personalidad en el niño encuentra su ámbito y motor necesario en la relación interpersonal. El ser humano es un ser creado naturalmente para el encuentro, para vincularse a otras personas dando y recibiendo, y desarrollar de este modo su vida y su manera de ser, su personalidad.

Aunque, en realidad, la educación no se acaba nunca y siempre se puede aprender, especialmente en los primeros años de vida la importancia de la educación es más esencial para el desarrollo de la persona.

Cuando un niño o niña vaya creciendo en edad y capacidad, cuando tenga uso de razón y madurez suficientes para ejercer su libertad, empezará a tomar decisiones que marcarán su vida, empezará a valerse por sí mismo y a formar parte activa de la vida social junto a otros seres humanos.

Pero, como decimos, en las primeras fases de su existencia el ser humano necesita *recibir* todo de otras personas. Poco a poco va siendo capaz de valerse por sí mismo y puede decirse que alcanza la madurez cuando es capaz de *dar y aportar* a otras personas lo que necesitan de manera libre, responsable y según sus posibilidades.

Este es el hecho, natural y cultural a la vez: el ser humano nace biológicamente prematuro y, precisamente, el primer hecho diferencial de lo humano es la pertenencia a una realidad humana cercana, la familia: un reducido ámbito de convivencia —*reducido*, precisamente, a la medida de la persona—, que remedia la innata precariedad del ser humano inmaduro y le brinda un ámbito y unos recursos de humanización intensa mediante el cuidado mutuo, la asunción de responsabilidades concretas y la comunión de vida y de pertenencia.

La familia, primer ámbito de acogida, es por todo ello el ámbito natural de la educación. Se ha dicho que la escuela es nuestra segunda casa. Cierto. Pero, antes, nuestra casa es nuestra primera escuela.

27

La familia, primera y esencial educadora

La familia, decíamos en nuestra reflexión precedente, es nuestra primera escuela. También es el primer ámbito de socialización.

La sociabilidad es una vertiente esencial de la vida humana; consiste en la radical inclinación a dar y recibir entablando relación con otros seres humanos. Se basa en el hecho de que el ser humano necesita comunicarse, poner en común su vivir: dar y recibir, compartir.

Se sabe del emperador Federico II que quiso saber cómo se expresarían los niños a los que jamás se les hubiera enseñado a hablar. Estaba obsesionado con conocer si existía una «lengua natural», previa a todo aprendizaje. La investigación se llevó a cabo en una inclusa, donde se recogía a los niños abandonados al nacer. Las cuidadoras que se encargaban de asear y alimentar a los lactantes recién nacidos tenían prohibido hablarles o tener con ellos muestras de afecto. Los niños debían estar bien nutridos y limpios, pero no había que establecer con ellos ningún contacto verbal ni afectivo.

Federico nunca pudo saber cómo se expresarían los niños porque todos, sin excepción, murieron. Los bebés del experimento dejaban de comer, no mostraban interés por el entorno, contraían infecciones y morían. Hoy sabemos que el cuadro clínico que presentaban era una depresión que se da en lactantes privados de contacto afectivo, la «depresión anaclítica de Spitz».

Hay algo tan necesario como la comida para un bebé y es sentirse querido. Si no se les muestra cariño, si no se les besa y abraza, si no se les sonríe y se les habla, mueren. Los demás animales vienen dotados de instintos que les permiten una rápida y eficaz adaptación al medio. El ser humano requiere de modo indispensable el cuidado de una familia, y especialmente de su madre. Es un ser constitutivamente *dependiente,* tanto en lo relativo a sus necesidades materiales y vitales de subsistencia como en lo afectivo y en el cultivo de su inteligencia, su voluntad, su autoestima, su necesidad de orientación y de sentido.

Y, así, la limitación y la indigencia iniciales quedan reparadas por las aportaciones que brinda la relación con otras personas —hablamos inequívocamente del entorno familiar—, y sólo en el seno de esa relación puede desarrollar plenamente el ser humano su vida como persona.

Pero al mismo tiempo la persona es *efusiva*, entraña una sobreabundancia radical: la posibilidad de crecer interiormente y madurar cuanto más *da* de sí misma. Necesita *aprender a dar —a darse— para crecer* y enriquecerse como persona y reconocerse a sí misma en su valor y dignidad. *Efusividad* —necesidad de dar— y *dependencia* —necesidad de recibir— configuran la sociabilidad natural humana.

Esa interdependencia se empieza a vivir en el seno familiar entretejiéndose con el amor mutuo, y aprendemos así a sentirnos responsables. En el desarrollo de esta responsabilidad a lo largo de la vida estriba el proceso de maduración de todo ser humano. Escribe Viktor E. Frankl: «No te preguntes qué esperas tú de la vida; pregunta más bien qué espera la vida de ti».

Sólo educa de verdad quien ama. Alguien tuvo la desafortunada pero reveladora osadía de afirmar que los hijos no son propiedad de sus padres, dando a entender que el Estado ha de tener la máxima responsabilidad en su educación. Pero lo cierto es que el Estado ama más bien poco... La conclusión parece evidente, ¿no?

28

La familia y la educación moral

Si aceptamos que el referente fundamental de la ética y de la educación moral es la dignidad inherente a la persona, reconoceremos que la familia es el ámbito en el que de modo más espontáneo y primordial se valora al ser humano por ser quien es, precisamente en su índole de persona; y, como consecuencia, que es el ámbito educativo y personalizador por excelencia.

En la relación familiar, debido a los vínculos morales y afectivos que conlleva, cada miembro es significativo por el hecho de ser él mismo. De ella debe brotar el sentimiento de confianza básica, pilar de la autoestima y de un desarrollo sano de la personalidad.

Después de la familia, obviamente, un ámbito personalizador decisivo es la institución escolar, siempre y cuando permanezca al margen de postulados ideológicos. Porque la educación ha de tener como referente a la persona y no las ideologías. Los hijos/alumnos no son peones en el tablero de la lucha por el poder. Ciertas ideologías sostienen que *todo es política,* y la educación de manera muy singular. Sin embargo, esto no es admisible. Si lo fuera, la educación se convertiría en manipulación. La escuela no tiene que ser ni «conservadora» ni «progresista». Tiene que ser educadora.

Pero volvamos al papel prioritario de la familia en el marco de la educación moral. Hablamos de un ámbito de relación en el que se comparte lo fundamental de la vida, donde se aprenden las habilidades básicas, la comunicación, los criterios y claves de sentido para orientarse en la vida, la diferencia entre el bien y el mal, las normas básicas de comportamiento... Y todo ello mediante el vínculo del afecto y la confianza, de la obligación natural recíproca. Por eso es más adecuado afirmar que en ella se aprende, sobre todo, a vivir.

Sin embargo, esta responsabilidad no es un mero privilegio ni se da sin más. Es preciso aprender a ejercerla. La tarea educativa que corresponde a la familia requiere, sobre todo en los padres, una actitud de coherencia, ideas claras, formación –personal y conjunta–, adquisición y ejercicio de virtudes, dedicación incondicional y aprendizaje permanente. También el amor es una tarea.

Es conocida aquella afirmación de Aristóteles de que ser justo no consiste en saber qué es la justicia, sino en practicarla. Esto vale para la educación entendida como adquisición y desarrollo de virtudes y para la familia como ámbito educativo y personalizador por excelencia.

Santa Teresa de Calcuta decía a los padres: «no te preocupes porque tus hijos no te escuchan. Ellos te observan permanentemente todo el día.» Educar es transmitir lo que se vive y no se educa solo con palabras sino con el ejemplo de vida. El educador ha de ir siempre por delante (y al lado). «Sólo lo que el educador intenta conquistar en lucha consigo mismo podrá esperarlo de la índole natural de sus educandos», escribe W. Foerster.

Hannah Arendt apuntaba que un educador, sólo con el modo en que está presente ante sus alumnos –en este caso los hijos–, les está diciendo: «El mundo es así». Se aprende *viendo vivir* a las personas que son nuestros referentes.

Es esencial que la educación moral incorpore siempre las dimensiones teórica, emocional y práctica. Las ideas –y más los valores– dejan fácilmente de comprenderse cuando dejan de vivirse, y por ello, como suele decirse, «El que no vive como piensa acaba pensando como vive».

29

La familia y la responsabilidad educativa

Venimos reflexionando desde hace unas semanas sobre la educación moral y nuestro punto de partida ha sido la consideración de la familia como primer ámbito de acogida y personalización del ser humano.

No pensemos que la educación moral es algo que se recibe fundamentalmente en el ámbito escolar —aunque está muy bien que este contribuya a la tarea—, y menos aún que es algo que cada uno ha de ir construyendo según su experiencia personal y social. En este último caso, el riesgo de relativismo y subjetivismo —y la probabilidad de equivocarse— es evidente. Por supuesto, uno aprende cuando escarmienta… pero, como se dice en Oriente, hay dos tipos de hombres: los necios y los listos. Los necios son los que escarmientan en cabeza propia y los listos los que lo hacen en cabeza ajena. Y es que necesitamos ser ayudados a reconocer el bien y orientar a él nuestra vida partiendo sobre todo del saber, de la experiencia y del ejemplo de quienes nos ayudan a crecer como personas. Y el ámbito más idóneo para ello es esa comunidad de amor que llamamos la familia.

Quien da vida a un ser humano, le da, no mera biología, sino vida *humana* y, por lo tanto, una biografía que cada uno debe protagonizar personalmente.

Cada uno es responsable, gracias a su naturaleza racional y libre, del contenido y de la orientación de su vida. Pero mientras no esté en condiciones de ejercer con pleno conocimiento y responsabilidad el protagonismo de su vida, el niño o joven ha de ser auxiliado en el conocimiento del mundo y de sí mismo, en la toma de decisiones, e incluso ha de ser suplido temporalmente en sus primeros años. Ser padre o madre no consiste sólo en engendrar, sino en educar, en capacitar al hijo para que llegue a valerse por sí mismo mediante el desarrollo de sus potencialidades naturales y personales.

Al dar la vida a sus hijos, los padres adquieren el deber de mantenerla y ayudarla a madurar. Por ello tienen también el derecho de guiarles en su trayectoria educativa mientras llegan a valerse por sí mismos de forma responsable. Eso es la educación: por un lado, introducir al ser humano en la realidad y, por otro, ayudarle a desarrollar su naturaleza constitutiva aportando un sentido integrador y potenciador.

La familia es la responsable de introducir a los hijos en el universo de los valores de sentido y por este motivo es certera la *Declaración Universal de los Derechos Humanos* al reconocer que «los padres tendrán derecho preferente a escoger el tipo de educación que habrá de darse a sus hijos» (art. 26.3).

El papel nuclear que la familia ostenta, además, como fundamento de la vida social, exige que el Estado se ponga a su servicio. «La familia es el elemento natural y fundamental de la sociedad y tiene derecho a la protección de la sociedad y del Estado» (*Id.*, art. 16.3) Al Estado le compete garantizar el derecho a la educación, respaldando subsidiariamente a las familias, pero no le corresponde la determinación de lo que está bien o mal en el orden moral, ni tampoco decidir el contenido de la verdad, que constituyen lo esencial de la educación misma. El Estado ha de servir a la sociedad, pero no debe erigirse en poseedor del sentido último.

30

Acerca de la educación moral

En alguna reflexión anterior insistíamos en que la educación emocional es de veras necesaria y fundamental… si se enfoca adecuadamente; es decir, no como sustituta de la formación moral ni como un proceso de autoayuda –«sentirme bien conmigo mismo, conmigo misma…»– para venir a recaer en el emotivismo hoy imperante, sino como un saber instrumental –una verdadera formación del carácter– que ha de encuadrarse en un marco ético que le proporcione finalidad y la integre en una formación armónica y completa de la persona, en una auténtica educación del corazón.

El fin de la educación no es hacer al educando feliz en el sentido frecuente de *disfrutar de bienestar*, sino capacitarle para que cultive su «mejor yo» –en expresión de Pedro Salinas– mediante sus elecciones personales.

El conocimiento y orientación de nuestras emociones e inclinaciones sensibles ha de culminar precisamente en una educación en las virtudes que permita interiorizar y llevar a la práctica los valores éticos fundamentales. José Antonio Marina señala que los sentimientos se deben educar desde una instancia ética normativa, lo que implica «enlazar el mundo de las emociones con el mundo de la acción moralmente buena». Coincide en esto con autores como Nussbaum, Brunner, Bandura, MacIntyre o Gregorio Luri, entre otros. Escribe este último, por ejemplo: «Dudo mucho que se pueda enseñar en la escuela a gestionar emociones sin tener un principio no emocional, a saber, un modelo concreto de lo que es una persona educada. Más importante que hablar de emociones es saber qué tipo de personas aspiramos a ser. Lo que realmente nos educa emocionalmente es el ejemplo de las personas a las que admiramos».

Y en otro momento recordábamos también que, según Aristóteles, el fin de la educación consiste en *enseñar a desear lo deseable*, lo valioso. Se refería con ello a educar los deseos –educación emocional y afectiva, educación del carácter– para facilitar el comportamiento ético adecuado, aquel que hace efectiva la excelencia del ser humano.

La educación ha de aportar sentido y ayuda al perfeccionamiento de las capacidades del ser humano. Este perfeccionamiento es fruto, sobre todo, del desarrollo de virtudes intelectuales (sabiduría, razonamiento, intuición, deducción…), y morales (prudencia, justicia, fortaleza, templanza). Las virtudes son más que simples valores. Son energías. De hecho, en latín, *virtus* significa fuerza o poder. Si se practican habitualmente, reafirman progresivamente la propia capacidad para actuar y configuran de forma paulatina el carácter, la personalidad. El fin inmediato de la educación moral es el desarrollo de virtudes en una personalidad equilibrada, armónica y creativa, orientada al bien.

La virtud es el crecimiento en el ser que acontece cuando la persona, en su actuación, obedece a la verdad y al bien. Es una ganancia en libertad. La virtud representa el rastro que deja en nosotros la tensión hacia la verdad como perfección de la persona.

Así pues, en su dimensión moral, la educación ha de orientar en la realidad, aportando discernimiento, orden y unidad a la vida humana. Su papel no es acumular más y más datos, experiencias y vivencias sin orden ni concierto, sino aportar criterio y energía a nuestra relación con la realidad, configurando armónicamente la personalidad como un todo, como el crecimiento de la persona en el ser.

31

Acerca del relativismo y la educación

Seguramente el relativismo —*Hay tantas verdades como opiniones y tantas éticas como individuos*— es el principal obstáculo con el que, hoy y siempre, cuenta la educación moral. Si queremos educar a personas que sean capaces de dar lo mejor de sí mismas para el bien de los demás, es fundamental tener clara la diferencia entre el bien y el mal.

El bien es lo que nos hace mejores personas, y el mal es lo que nos deshumaniza. Pero es imprescindible tener muy claro qué es el ser humano y en qué consiste su dignidad, tanto la que le es inherente como persona —que le obliga también a respetarse a sí mismo—, como la dignidad moral que adquiere mediante la nobleza de sus acciones y decisiones. La comprensión que se tiene del hombre y de lo humano condiciona el ideal que se propone como meta de la educación y los medios y recursos que se emplean para su logro.

Quien pretenda educar tiene que saber hacia dónde orientar el proceso educativo. No es lo mismo buscar el propio interés tanto por las buenas como por las malas, como Celestina: «A tuerto o a derecho, mi casa hasta el techo», que preferir «antes padecer el mal que cometerlo», como Sócrates.

Si lo que queremos al educar es formar hombres y mujeres en quienes se pueda confiar, no es lo mismo aplaudir la ambición, la codicia y el éxito a ultranza como estilos de vida que ayudar a despertar en el niño o en el joven una disposición generosa, honesta y abnegada.

Hace algunos años presencié el siguiente caso. En la taquilla del circo figuraba un letrero que decía: «Precio de la entrada: 20 €. Menores de 11 años: 10 €». Delante de mí, una mujer acompañada por dos niños se acercó a la ventanilla y pidió tres entradas de adultos. La señora que le atendía le preguntó:

—¿Qué edad tiene el niño pequeño?

—Cumplió once años el domingo.

—¿Y por qué no me ha pedido una entrada para menores de once años? Yo no hubiera notado la diferencia.

—Pero mis hijos sí —repuso la madre.

Estoy convencido de que esos niños recibieron esa tarde una magnífica lección de comportamiento moral y que su madre fue correspondida con un respeto y una admiración imborrables.

La mayor dificultad para educar hoy no es la presencia del mal y el atractivo con el que a menudo se presenta engañosamente, sino la pandemia relativista presente en los ambientes sociales, la política, los medios de comunicación, el cine y las series, la publicidad, los programas basura que presiden las programaciones televisivas, las redes sociales y la educación misma.

Decía el viejo sofista Protágoras hace ya dos mil quinientos años que *las cosas son buenas o malas según le parecen a cada cual*. No es de extrañar que él y sus colegas se dedicaran a formar a los jóvenes políticos sin escrúpulos del momento, cobrando sustanciosas sumas por ello, eso sí. Porque, si no se reconoce un criterio racional y objetivo de moralidad que distinga el bien del mal, la única forma de determinar lo que es justo o conveniente es la imposición del poder, la astucia de los comunicadores o la ceguera de las mayorías. Y entonces la educación se reduce a instrumento de manipulación.

32

El relativismo: sofistas de ayer y de hoy

NOS REFERÍAMOS EN NUESTRA REFLEXIÓN precedente al relativismo impulsado por aquellos sofistas que, en la Atenas del siglo v a. J. C., educaban a los jóvenes de la nobleza para el éxito en la política y que tanto se parece al de nuestros días.

Presumían aquellos *sabios educadores* de que, según quién les pagase, eran capaces de demostrar la verdad de una cosa o de su contraria, porque en realidad se trataba de *convencer y seducir* al auditorio, y para eso bastaba con el manejo de una hábil retórica. Negaban que hubiera una verdad y que pudiera ser conocida porque *«las cosas son según le parecen a cada cual»* (Protágoras).

Pero, si no existe una verdad, ¿quién tiene razón? Sencillo: al final, el poder, la «ley» del más fuerte y del más astuto, o la postura mayoritaria, que se convierte en norma. Lo decisivo es la *eficacia* de las palabras. «*Con la palabra*, dirá el sofista Gorgias de Leontino, *se fundan las ciudades, se construyen los puertos, se impera al ejército y se gobierna el Estado*».

En cuanto al ser humano, la sentencia de Protágoras se ha hecho famosa: «*El hombre es la medida de todas las cosas, de las que son en cuanto que son, y de las que no son en cuanto que no son*». Es decir, que la voluntad del individuo es la que determina el valor de las cosas… y de las personas. Ya que no hay criterios objetivos para distinguir lo bueno de lo malo, lo justo de lo injusto…, la habilidad para presentar los argumentos y convencer al auditorio se convierte en el instrumento idóneo para hacerse con el poder y acrecentarlo, y así determinar lo que vale y lo que no, por medio de las leyes. Sin normas trascendentes, morales o religiosas, cada cual para sí y los poderosos para la colectividad son la medida de las acciones humanas.

Para el sofista, todo en la vida se subordina a lo que decidan quienes tienen el poder. La educación consistirá entonces en la adquisición de *habilidades sociales* –retóricas y políticas– para triunfar, y eso, el éxito, es lo que daría sentido a la vida.

La concepción sofística del hombre es la de un «ciudadano del mundo» (*cosmopolita*), desarraigado de las tradiciones y costumbres de su ciudad y que, por medio de las leyes, crea los valores, determinando lo que vale y lo que no. Es un triunfador, autosuficiente en la medida en que logra el poder, pero que se hallará indefenso cuando se vea a merced de adversarios más poderosos o sagaces.

En la vida pública, lo verdadero y lo falso, lo bueno y lo malo, lo justo y lo injusto es determinado por el legislador. Lo que este decida será justo, sea lo que sea, porque tiene el poder para imponerlo. En suma, los que triunfan y mandan son los que imponen su manera de ver la vida. Se oculta a la vez qué ocurre con los débiles o con los que fracasan… porque no cuentan socialmente.

Atenas, en ese momento, se había convertido en una palestra de ganadores, en el olimpo del individualismo. Cierto. Lo malo es que *ya no era un pueblo*, tal como los griegos habían entendido la *polis* hasta entonces: como un ámbito acogedor de convivencia que brinda seguridad, criterio e identidad a los ciudadanos.

33

Volvamos a Sócrates

EL FILÓSOFO ESPAÑOL XAVIER ZUBIRI escribe que los sofistas pretendieron «formar a los nuevos hombres de Grecia desentendiéndose de la verdad». Ciertamente, Atenas había enfermado de relativismo y de individualismo, en gran medida por la labor educativa sembrada por los sofistas. Cada cual buscaba pragmáticamente su provecho y medro particular sin atender al bien común. Y, como ocurre invariablemente en tiempos de relativismo, los más perjudicados son siempre los más débiles.

Consciente de lo que estaba ocurriendo, un modesto alfarero llamado Sócrates decidió entonces dedicar todo su tiempo a salir por las calles y plazas de Atenas para dialogar amistosamente con sus paisanos, invitándoles a reflexionar sobre lo que diferencia al bien del mal y lo que hace bueno a un ciudadano. Hizo suya la sentencia délfica «Conócete a ti mismo» y con sus inteligentes preguntas dejaba a menudo en evidencia a muchos poderosos y falsos maestros, que finalmente no dudaron en acusarlo injustamente de corromper a la juventud hasta conseguir su condena a muerte.

Escribe su discípulo Platón que cuando Sócrates fue conminado por la asamblea de los jueces a abandonar su actividad, respondió: «Atenienses, os respeto y os amo; pero obedeceré a Dios antes que a vosotros y, mientras yo viva, no dejaré de filosofar, diciendo a cada uno de vosotros cuando os encuentre: «Amigo, ¿cómo no te avergüenzas de no haber pensado más que en amontonar riquezas, en adquirir crédito y honores, en despreciar los tesoros de la verdad y de la sabiduría, y de no trabajar para hacer tu alma tan buena como pueda serlo?». Toda mi ocupación es trabajar para persuadiros de que, antes que el cuidado del cuerpo y de las riquezas, está el del alma, y su perfeccionamiento; y no me cansaré de deciros que la virtud no viene de las riquezas sino que, por el contrario, la riqueza auténtica es la que viene de la virtud, y que es de aquí de donde nacen todos los demás bienes para la ciudad y para vosotros mismos.» (*Apología de Sócrates*).

Para Sócrates, la verdadera educación no consistía en adiestrar al hombre en el manejo de ciertas habilidades retóricas o sociales para alcanzar el éxito y el poder a cualquier precio, sino en lo que él llamaba el «cuidado del alma», es decir, en buscar el conocimiento de la verdad y del bien y en el ejercicio de una vida conforme a la virtud. Llega incluso a afirmar y mostrar con su ejemplo de vida que es preferible padecer una injusticia a cometerla.

Su magisterio iluminó principalmente a sus discípulos Platón y Aristóteles, a través de los cuales pervive como uno de los principales maestros de la cultura occidental, al proponer la búsqueda sistemática de la verdad como forma de vida y el respeto hacia el orden moral como cimiento de una sana ciudadanía.

Lamentablemente, no parece este nuestro caso. Como el propio Xavier Zubiri añadía, «hoy estamos innegablemente envueltos en todo el mundo por una gran oleada de sofística». El relativismo y el pragmatismo de nuestros días reclama también un replanteamiento de la tarea de educar que tenga como centro la dignidad personal del ser humano y su vocación a la verdad, el bien y la belleza. Necesitamos a Sócrates.

34

La naturaleza humana, pauta de conducta moral

EL SER HUMANO SE VA «CONSTRUYENDO a sí mismo» a partir de su naturaleza, de su modo constitutivo de ser. No puede «crecer» como pájaro ni como encina. No es esa su naturaleza. Sólo puede crecer *como ser humano.* Y la naturaleza humana, aunque le da unas pautas importantes, deja un espacio libre a la autodeterminación, a la relación con los demás, a la educación, a las experiencias de la vida...

Como el ser humano no nace especializado biológicamente pero cuenta con su inteligencia y su voluntad libre, ha podido *adaptar su entorno* a sí mismo, a sus expectativas, necesidades y proyectos, transformándolo, haciéndolo así habitable; y a la vez ha tenido que *cultivar su propia naturaleza,* perfeccionándose y *realizándose a sí mismo* por medio de la educación, de la convivencia, del trabajo, del arte y de la virtud. Esto es precisamente la cultura.

Pero es preciso entender bien la naturaleza y lo natural; a saber, como el *ámbito de perfeccionamiento que corresponde a cada cosa* —y al ser humano— según su modo de ser. «Antinatural» sería así lo que atenta contra su perfeccionamiento propio, lo que lo violenta o corrompe. Por ejemplo, es *natural* para el ser humano que haga uso de su razón cultivando el saber, y de su sensibilidad hacia la belleza admirando un paisaje o decorando su hogar. Por el contrario, sería *antinatural* utilizar al ser humano como animal de carga u objeto de explotación económica. Lo mismo que sería antinatural para un vaso utilizarlo como martillo: se clavaría mal el clavo y seguramente el vaso terminaría por quebrarse.

Alguien ha dicho que el hombre y la mujer «no nacen, se hacen...». Pero el ser humano no puede hacerse a sí mismo de la nada. Entre otras cosas, porque «de la nada, nada sale». Aunque su naturaleza es libre y abierta, es la *de un ser humano*, y debe partir de su modo constitutivo de ser para desarrollarlo.

La naturaleza humana es un don originario, pero es también una tarea y un elenco de potencialidades. Marca a cada uno un criterio de crecimiento adecuado: el ser humano es más plenamente humano cuando, a partir de su naturaleza abierta a lo universal, potencialmente cuajada de maravillas y de riesgos, desarrolla sus capacidades y ejerce su libertad de manera constructiva, cuando es capaz de aportar al mundo su sello personal, su pensamiento y su sensibilidad, embelleciéndolo y perfeccionándolo —«humanizándolo»—, entrando en relación de amistad, de amor, de servicio y de colaboración con otros seres humanos...

Pero el éxito en esta tarea no está garantizado de antemano. El ser humano puede también hacer mal uso de su libertad. Por ello, para el ser humano vivir es siempre un riesgo, una aventura moral. Es responsabilidad de cada persona hacer del ejercicio de su libertad una aportación de más y mejor humanidad, de calidad humana, a los demás y a sí mismo: descubrir la verdad y comunicarla (conocimiento, ciencia, saber...), amar el bien y transmitirlo (honradez, servicio, amabilidad, compromiso y ayuda...), aportar belleza al mundo (arte, alegría, amor, generosidad...), aprender a dar y a recibir de los demás, caminar hacia metas de sentido, hacer tangible y «abrazable» en lo posible una felicidad que sin embargo nos impulsa más allá de nosotros mismos... Vivir. En suma, elevar el propio ser hacia lo mejor de sí.

35

Educar en la verdad, para la vida

CULMINAMOS POR AHORA nuestras reflexiones acerca de la educación volviendo a lo esencial. Y lo esencial es aquello que ya afirmaba Hesíodo en el siglo VII a. J. C.: que «la educación ayuda al hombre a ser lo que es capaz de ser». Y por eso, si queremos educar ayudando al ser humano a introducirse en la realidad, tenemos que hacerlo educando en la verdad, el bien y la belleza, que son el horizonte de plenitud al que nuestra naturaleza tiende.

La belleza es el esplendor de la verdad y del bien; es camino para descubrir el sentido de las cosas. Y para educar en la verdad y en el bien es fundamental disponer de certezas acerca de cómo es el mundo. Es necesario, sobre todo, saber qué significa ser persona. Si esto no está claro, tampoco lo estarán los criterios por los que han de establecerse los contenidos, las prioridades, objetivos o metas —y las llamadas «competencias»— en la educación. Esta es la cuestión fundamental que hay que plantearse: ¿qué y quién es la persona humana? ¿Es «algo», simplemente, o es «alguien»? ¿Qué la perfecciona como ser humano? ¿Qué valor tiene la relación con las demás personas? ¿Qué sentido tiene la vida y qué lugar ha de ocupar el ser humano en la realidad?

Para ejercer su libertad, el hombre debe conocer la verdad sobre sí mismo y sobre qué diferencia el bien y el mal, superando la
tentación del relativismo. El relativismo es una capitulación ante la
tarea de dar un sentido digno a la vida personal y colectiva, y nos
zarandea entre la indolencia y el fanatismo.

Cuando la libertad, queriendo emanciparse de toda tradición
y autoridad, se cierra a las evidencias de una verdad objetiva como
fundamento de la vida personal y social, acaba por asumir como
única referencia para las decisiones personales la opinión subjetiva
y mudable, el capricho o el interés egoísta, ya sea el propio o el de
los gobernantes. Y de ahí se sigue un planteamiento acerca de la
educación pobre de miras, decepcionante y finalmente fallido.

En nuestro mundo el valor de la persona, de su dignidad y
de sus derechos está seriamente amenazado por la extendida tendencia a recurrir exclusivamente a criterios de utilidad y disfrute.
Por ello no se contempla a menudo otro sentido para la vida que
el recrearse en un bienestar cómodo y mientras dure. Oscurecido
así el sentido de la vida, ocurre que la perplejidad, el abatimiento
y la falta de horizonte llevan a muchos a pensar que esta vida no
merece la pena vivirse ni transmitirse. Y esto nos está pasando de
manera alarmante. Nos asustan y rehusamos los resultados: vacío
existencial, nihilismo, desprecio por la vida, crispación social, superficialidad generalizada, narcisismo sin freno…, pero no hemos
valorado bien las premisas que nos han llevado hasta ellos. Y la
educación así lo refleja, tristemente.

El problema profundo hoy de la educación no es un problema
de medios y recursos sino de fines; no es un problema de mera
transmisión de saberes y utilidades, sino de aportación de significados, de *valores de sentido* que hagan justicia a la dignidad del
ser humano y a su vocación al amor, a su anhelo de felicidad, a su
espera de un Bien infinito.

36

Emergencia educativa

PERTENECE A LA MISMA NATURALEZA de la acción educadora el afán de *preparar para la vida*. Encontrar fórmulas acertadas para dotar al niño o al joven de las capacidades (hoy se habla de «competencias») que le permitan dar respuesta adecuada a las exigencias de la vida que tiene por delante constituye la preocupación más esencial entre los problemas de la pedagogía.

Pero no todas las concepciones pedagógicas son iguales ni todos los modelos educativos conducen a las mismas metas aunque estas tengan nombres parecidos, convertidos en tópicos de actualidad.

Al amparo de ese lugar común («educar para la vida»), se ha ido tejiendo una enmarañada red de enunciados y recursos que están llevando a sistemas educativos y centros escolares a quedar enredados en las más variopintas iniciativas, si bien con frecuencia no pasan de ocurrencias o de «prontos» de temporada –para desazón del profesorado, por cierto–. Si a ello añadimos el afán de politizar la educación –Antonio Gramsci decía sin rodeos que «la educación es política»–, la confusión y las tensiones en torno al hecho educativo configuran la impresión dominante.

Pongamos el caso de España por sernos más familiar. En los años de democracia hemos padecido las siguientes leyes orgánicas: en 1980, la LOECE; en 1985 la LODE; en 1990 la LOGSE;

en 1995 la LOPEGCE; en 2002 la LOCE; en 2006 la LOE; en 2013 la LOMCE y en 2020 la LOMLOE. Es verdad que algunas se apoyan en otras y que incluso alguna fue «abortada» apenas antes de entrar en vigor debido a las refriegas entre los partidos gobernantes. Pero la sensación es a todas luces de inestabilidad, de confrontación ideológica, de componenda, de desconcierto y caos.

Si a esto añadimos que la base de toda acción educadora corresponde a la institución familiar, y que esta viene registrando una creciente desestructuración, bien sea de carácter externo –por la influencia cada vez más invasiva de medios de comunicación, espectáculos, redes sociales…–, bien sea por la crisis de valores y creencias que sacuden la estabilidad y la solidez familiar, no debe extrañar que se hable abiertamente de una grave «emergencia educativa», por emplear una expresión utilizada por Benedicto XVI.

Entretanto, se multiplican en los currículos las áreas y situaciones de aprendizaje, las experiencias, las materias, las metodologías, los contenidos…, en la creencia de que al niño y al joven se le ha de enseñar prácticamente de todo: Educar al principio en el europeísmo, después educar en la multiculturalidad y en la interculturalidad. Educación comprensiva, luego integradora, después inclusiva. Educar la inteligencia creadora, educar la inteligencia emocional (ya circula por ahí una sedicente teoría sobre la inteligencia erótica…), educar en las nuevas tecnologías. Educación para la democracia, educación vial, educación para el consumo, educación para la paz, educación para el ocio, educación para la ciudadanía, educación igualitaria no sexista… Sin olvidar los idiomas y las lenguas, por supuesto. Y los complementos terminan por ocultar al sustantivo y a lo sustantivo: la educación.

Y a la vez nuestros sistemas educativos se postulan como trampolines para la empresa y talleres de una servil ciudadanía, pero acaban a menudo en plantaciones de desesperanza incapaces de ofrecer *razones para vivir* a muchos de nuestros jóvenes. ¿Acaso no hay razones para repensar a fondo nuestra educación?

37

Non multa, sed multum

EL PROBLEMA DE LA INFLACIÓN de aspectos «adjetivos» en el currículo escolar –en detrimento de la sustancia– que hoy apreciamos en la educación es que el crecimiento del *multa* en las áreas curriculares de la educación básica ha debilitado la fortaleza del *multum*. Dicho en román paladino: que *el que mucho abarca poco aprieta*.

No es, pues, de extrañar la presencia cada vez más extendida de una cultura del videoclip, o del *zapping* –se sabe casi nada de casi todo– tal como ha definido Alain Finkielkraut las actuales vigencias culturales. Quizás habría que profundizar en este fenómeno pedagógico actual en busca de algunas raíces del relativismo, de la inmediatez, de la incoherencia y la dispersión, de la ausencia de finalidades últimas en la mentalidad hoy dominante.

La preocupación por los medios y recursos educativos ha hecho olvidar la importancia prioritaria de los fines en la educación y en numerosos aspectos importantes de la vida.

El culto que se ha profesado en el mundillo de la educación a la denominada «escuela nueva», fundamentalmente por ser nueva, ha llevado al rechazo frecuente de la «pedagogía perenne», fundamentalmente por ser perenne. Y como se supone que nada es fijo y estable, y que todo en la vida y en la cultura sirve a estrategias y estructuras de poder antagónicas –«Todo es política…»–, los vaivenes de la educación son el reflejo de las sacudidas de la convulsión política y social. En el fondo, si se preconiza que el hombre es sólo una «construcción social», producto de instancias de poder, de circunstancias culturales, económicas, etc., esa vida para la que es preciso educarlo es pura circunstancia en permanente devenir; es pura existencia sin esencia, mero artificio circunstancial. Es, lisa y llanamente, nada.

Una pedagogía consistente, perdurable, no debería ser ni progresista ni conservadora. La pedagogía no está hecha para el tiempo ni para las luchas por el poder, sino para el ser humano. La educación ha de ser esencialmente eso: poner a la persona como centro. Y, por lo tanto, la educación tiene –debe tener–, antes que nada, una función personalizadora. La educación no puede trazarse como objetivo final –ahora lo llaman «perfil de salida»– «formatear» en el educando unas conductas tipo, por más que las demande hoy o mañana la sociedad como útiles, convenientes, liberadoras, igualitarias… La educación ha de apuntar hacia metas de un orden más radical (ha de ir más a las raíces): se trata de proporcionar instrumentos y claves de sentido al educando para que lleve a término su condición fundamental de ser persona. Para que construya una personalidad sólida, madura, que sea capaz de señorear con criterio propio y bien fundado sobre las circunstancias, las modas, los intereses en pugna o las consignas políticas cambiantes.

El fin de la educación ha de mirar hacia una persona que forja su personalidad y se convierte en dueña de su propia vida, capaz de darle a esta sentido y convertirla en una vida creadora, responsable. *«Educar es completar personas, haciéndolas guías y dueñas de sí mismas por medio de la naturaleza, el asombro y la responsabilidad»*, afirmaba el padre Manjón. Por cierto, qué paradoja: uno de los más notables impulsores de una «escuela nueva» pero atento también a lo humano permanente.

38

Emergencia educativa y sentido de la vida

La dificultad tal vez más profunda en tiempos de «emergencia educativa» es la falta de certezas acerca de qué es lo nuclear en el ser humano y de lo que constituye su horizonte de plenitud. En la raíz de esta crisis de la educación –bastantes indicadores lo confirman– hay una crisis de confianza en la vida: se hace difícil transmitir de una generación a otra algo que sea cierto, reglas válidas de comportamiento, objetivos creíbles en torno a los cuales construir la propia vida.

Abilio de Gregorio advertía sobre las secuelas educativas de esta ceguera presente en una mentalidad que duda del significado de la verdad y del valor mismo de la vida: «De esta incertidumbre se sigue que no exista una conciencia clara y compartida de la diferencia entre lo justo y lo injusto, entre el bien y el mal. Y así, en la posmodernidad proliferan el «pensamiento débil», las conductas frágiles, el hombre *light* egoísta, desorientado y sin respuestas de valor ante un mundo carente sentido».

Recordaba Viktor E. Frankl que *quien tiene un para qué, puede encontrar y soportar el cómo.* Pero en la mentalidad dominante y en una educación que es su espejo se ha renunciado al planteamiento de los fines que sustentan y dan orientación a la existencia humana. Este «nihilismo acerca de lo esencial», apuntaba el psiquiatra vienés, ha llevado al «vacío existencial» que prolifera de manera alarmante en nuestras sociedades y conduce a una desconfianza en el sentido y el valor de la vida.

La OMS viene advirtiendo de que la salud mental de la población mundial es frágil y que esa tendencia podría cambiar sólo si los gobiernos implementaran «medidas transversales de atención al sufrimiento mental y emocional de los jóvenes». Hoy preocupa a padres y a educadores que desde 2019 el suicidio es la principal causa de muerte de los adolescentes en España, y se apela a «alfabetizar en salud mental y psicológica» a la comunidad escolar, a las familias y a los sanitarios de atención primaria y se piden «planes de prevención del suicidio».

…Y bien está. Pero si la vida como tal no se percibe como algo valioso sino como una fuente de problemas y complicaciones, si vacilan los cimientos y fallan las certezas esenciales, y si la educación está contagiada de este relativismo nihilista, es probable que tales medidas se queden en los síntomas y no apunten a lo esencial. Frankl insistía en que «la educación ha de tender no sólo a transmitir conocimientos sino también a afinar la conciencia moral». Y es que sólo una esperanza fiable puede ser el alma de la educación, como de toda la vida.

En un libro homenaje titulado *Hablando con el Papa. 50 españoles reflexionan sobre el legado de Benedicto XVI.* (Planeta, 2013), el tenista Rafael Nadal afirmaba: «Con un estilo de vida tan egoísta como el que nos hemos creado es complejo enseñar hoy a un niño o a una niña cuáles son las cosas que importan en la vida (…) En un mundo lleno de incertidumbre y cargado de apariencias, donde impera lo zafio y muchos jóvenes buscan fama, notoriedad y dinero de forma rápida, la educación se convierte necesariamente en un asunto de singular trascendencia para garantizar una vida basada en valores».

39

Educación y manipulación

En nuestras reflexiones anteriores, bajo la expresión «emergencia educativa» acuñada por Benedicto XVI, hemos insistido en una preocupación por la mentalidad dominante en nuestros días y sus claves a la hora de pensar y actuar, puesto que se trata de un horizonte ambiguo y en el fondo demoledor que busca propagarse a través de la acción educativa.

Para los inspiradores de esa mentalidad *la educación es poder*, directamente, y su actividad no es propiamente educadora sino de manipulación. La cosa no es nueva, sin rubor lo decía ya Gil de Zárate, impulsor de uno de los primeros planes de estudio en España, el de 1850: «La cuestión de la enseñanza es cuestión de poder: el que enseña, domina; puesto que enseñar es formar hombres amoldados a las miras del que los adoctrina».

Estas palabras siguen siendo consigna para algunos políticos que buscan «penetrar en el tejido social» a través de las leyes educativas, como dijo en su día el exministro Maravall. Precisamente, en la llamada «Ley Maravall» (LODE, 1985) se afirmaba que «los Estados han asumido la provisión del derecho a la educación como un servicio público prioritario», precisando que la educación ha de considerarse un atributo propio del Estado, no de las familias ni de otras instancias sociales.

Los núcleos de poder con pretensiones totalitarias niegan el derecho y la responsabilidad de los padres para elegir y promover el tipo de educación que consideren adecuado para sus hijos. Para ellos, la educación no es la ayuda que los padres deben proporcionar a sus hijos para alcanzar la madurez, sino una función que ha de controlar el poder político para forjar ciudadanos a su medida y criterio. Porque detrás de esta «preocupación» hay, no lo olvidemos, un modelo de escuela («única, pública, laica…»), pero también de sociedad y de persona, que recuerda aquel «somos constructores de almas» del que hablaba Stalin.

Es fundamental ser conscientes de este panorama y de lo que está en juego; no es sólo la transformación de las estructuras políticas sino el perjuicio al que pueden verse sometidos niños y jóvenes en el marco de un sistema educativo ideologizado.

Por ello urge reorientar la educación de acuerdo con su verdadera razón de ser: como ayuda a la personalización del ser humano, para que la persona sea cada vez más persona y más completa frente a instancias que pretenden hacerla más productiva y consumidora, más útil al sistema, más sumisa y manejable; en una palabra, como venimos diciendo, manipularla.

Sólo una educación de verdad centrada en la persona entendida *en toda su integridad* –una *educación personalizadora*– es capaz de ofrecer un sentido adecuado a la presencia y acción del ser humano en el mundo, priorizando la ayuda a las personas para que alcancen su madurez humana, su capacidad de tomar decisiones verdaderamente libres y responsables, orientadas al bien, a la verdad y a la belleza.

El verdadero fin de la educación no debe ser la transformación de las estructuras sociales, como se repite hoy hasta la saciedad, sino promover personalidades capaces de dar fundamento y orientación humanizadora a esas estructuras.

Educación y felicidad

QUIÉN DIRÍA QUE DANTE nos ofrece pautas que pueden ser vividas en nuestro tiempo. En el fondo, después de siete siglos, sigue siendo de lo más actual: exige la travesía a través del pecado y de la muerte hacia esa alegría más elevada y plena que llamamos felicidad.

Dante también afirma que hemos recibido la vida para darla, pero que ese don exige una esperanza que vaya más allá de este mundo y que atraviese su oscuridad. «Perdido en una selva oscura…» es como empieza *La divina comedia*. La angustia, como una sed despiadada, nos aprieta la garganta en algunos momentos difíciles; pero es el signo, viene a decir el poeta florentino, de que estamos hechos para la alegría, para la vida.

Si no estuviéramos hechos para la fuente, nuestra sed no sería tan acuciante. Necesitamos una esperanza que atraviese la oscuridad, una vida que sea más fuerte que la muerte, una certeza acerca de lo que merece más la pena, que permanezca y sea fecunda, que nos impulse hacia lo mejor de nosotros mismos, que ofrezca una revelación en medio de la oscuridad que a menudo nos rodea.

De manera creciente, nuestros alumnos llegan a clase contagiados por la pandemia del nihilismo y no se les ofrece más que una visión del hombre que oscila entre el mono evolucionado y el afanoso consumidor de espectáculos, que no busca otra redención que la de la técnica, el culto al planeta y la disolución en el todo cósmico, y frente a la angustia de una vida a la que no ve ningún sentido dispone sólo del sedante de una diversión frenética y adictiva. Pero la diversión, como ya observaba Pascal, «nos impide pensar en nosotros mismos, nos entretiene y nos hace llegar insensiblemente a la muerte».

Como ya dijimos, nuestras clases pretenden ser trampolines para la empresa y talleres de una servil ciudadanía pero corren el riesgo de convertirse en plantaciones de desesperanza. «Queremos que nuestros alumnos sean felices», nos dicen. Pero en general son clases que no tienen nada que decir ante la muerte, que no tienen nada mejor que ofrecer frente a la amargura nihilista.

El pensador francés Fabrice Hadjadj, ante la pregunta «¿Qué educación puede conducirnos a la felicidad?», afirma: «La pregunta por la felicidad produce tanto miedo que inmediatamente hacemos un esfuerzo por reducirla a la cuestión del bienestar». Y así, concluye, la hacemos insignificante, la convertimos en un mero estado subjetivo y abstracto, en algo inofensivo que comienza con la *ataraxia* –«Nada de estresarse, por favor, nada merece tanto la pena realmente y el amor no existe»–, continúa con la *anestesia* –«Evitemos el dolor y la frustración como sea»– y acaba con la *eutanasia*. Fin.

Pero el caso es que la pregunta por la felicidad subsiste en lo íntimo del ser humano y la propia vida sirve como «prueba del algodón», porque no vale cualquier respuesta. La felicidad es verdadera si colma lo específico del ser humano, «y no, como dice también Hadjadj, lo que tiene en común con el cerdo».

Una educación que mira realmente hacia la felicidad es la que se toma en serio la dimensión personal del ser humano, a quien sólo puede colmar una vida basada en la verdad y en el amor. Por cierto, eso Dante también lo vio.

Venimos insistiendo en que lo más decisivo de la educación es disponer de certezas acerca de qué es lo nuclear en el ser humano y de lo que constituye su horizonte de plenitud, porque educar es ayudar a un ser humano a sacar lo mejor de sí mismo para que contribuya responsablemente a mejorar y embellecer el mundo.

Sin embargo, el nihilismo que se ha instalado en nuestra vida y en nuestra cultura no reconoce el valor de lo real. Según él, no hay certezas que nos permitan diferenciar el bien del mal, lo verdadero de lo falso; todo –personas, cosas, acontecimientos, decisiones...– tendría el valor que se le quiera dar.

Esta mentalidad, que repercute de lleno en nuestro sistema educativo, ha traído consigo un proceso de «envilecimiento axiológico», cuyas señas de identidad Abilio de Gregorio sintetiza en tres:

a) *Negación de la realidad y de su valor en favor de las apariencias.* También llamada «posverdad». Las cosas sólo son lo que yo quiero que sean. Las ideologías se imponen sobre la búsqueda de la verdad, del bien y de la belleza, fundamental para una educación integral de la persona.

b) *Primacía del hacer.* El ser de las cosas –y de las personas– deja de ser relevante para dar paso a la acción, al hacer utilitarista, a la razón instrumental. No importa la naturaleza de las cosas y de las personas sino lo que se puede hacer con ellas, lo que interesa a quien dispone de poder. Todo, en consecuencia, es manipulable; no hay nada sagrado, ni siquiera el ser humano como tal. «Eres lo que haces»: *selección social sin alma* que lleva a descartar a los menos productivos.

c) *Prioridad del deseo, de los impulsos.* La satisfacción de los deseos se reivindica como si se tratara de verdaderos derechos, se convierte en justificante de lo políticamente correcto y desplaza todo criterio objetivo diferenciador del bien y del mal.

Pero quizás el rasgo más diferencial del nihilismo dominante sea la *banalidad,* la superficialidad (prisa, presentismo, apariencias...). El *hombre light* reacciona a estímulos que le distancian de su centro, de su intimidad. Experimenta un *vacío* que le conduce a la neurosis, de la que intenta escapar mediante el ruido y el activismo («los bidones vacíos son los que más ruido hacen»). En ese vacío se avista el alejamiento de Dios, ya que el ser humano se ve mutilado de su dimensión trascendente.

Y, entonces, perdida su consistencia y perdida su dignidad, la persona tiende a disolverse en *modos de vida gaseosa y líquida:* menudean las vidas volátiles a merced de los estímulos externos, de las ganas y desganas, del ambiente y de las modas. Vidas carentes de interioridad, esclavas de la imagen, del quedar bien, de la diversión continua, acomodaticias e inestables. Ya no poseen convicciones, sólo tienen posturas que cambian según el grado de cansancio o el hastío: «Estos son mis principios, pero, si no le gustan, tengo otros», decía con agudeza Groucho Marx.

Se presenta entonces el mundo como un *puzle* de infinitas piezas sin significado ni vinculación ni sentido, habitado por individuos sin vínculos ni valores firmes, instalados en el pensamiento débil, simplificados, ahogados en la superficie, y a merced de múltiples formas de manipulación.

Educación personalizadora

ANTE LA MIRADA NIHILISTA TODO está sometido al deseo de los más fuertes. El mundo en el que se van introduciendo niños y jóvenes aparece como un *puzle* de infinitas piezas sin congruencia ni sentido, donde no es posible desarrollar una personalidad coherente, consistente y unificada.

Y es aquí donde se ve la importante contribución que una educación bien concebida y aplicada puede hacer para la reconstrucción de un mundo más humano.

Pero para ello es preciso reorientar la educación de acuerdo con su verdadera razón de ser: como ayuda a la personalización del ser humano, para que la persona sea cada vez más persona y más completa frente a instancias que pretenden hacerla más productiva, mejor consumidora, más útil al sistema, más sumisa y manejable; en una palabra, como ya hemos indicando más arriba: manipularla.

Una persona es un ser único e irrepetible de naturaleza racional: es capaz de comprender y decidir libremente según la verdad de las cosas. Es un fin en sí misma y nunca un simple medio; poseedora de dignidad, nunca de precio. Está dotada de identidad propia, de originalidad, intimidad y apertura. Es centro de relación con otros seres. *Alguien* –y no *algo*– necesitado de sentido y orientado, por lo tanto, a la trascendencia.

Una *educación personalizadora* será la que es capaz de dar sentido a la presencia y acción del ser humano en el mundo, y que pone a la persona —entendida *en toda su integridad*— como centro, como referente de lectura y de valoración de acontecimientos y de acciones.

El problema profundo de la educación hoy no es un problema de medios y recursos sino de fines; no es un problema de mera transmisión de saberes y utilidades, sino, sobre todo, de aportación de significados, de *valores de sentido* que hagan justicia a la naturaleza y a la dignidad del ser humano y a su vocación a la trascendencia.

El verdadero fin de la educación es contribuir a la formación de una personalidad madura, que es el camino verdadero hacia la *felicidad posible* para el ser humano. Y la felicidad es un estado de gozo que tiene vocación de permanencia; es consecuencia de haber encontrado algo o a alguien que da sentido a la vida.

Una vida en la que el sentido no se plantea o no se alcanza —una vida malograda— es aquella en la que aparecen el vacío existencial, la sensación de intrascendencia, la desesperación, el narcisismo despersonalizador.

La personalización que da sentido a la tarea de educar tiene lugar mediante el encuentro con los *valores de sentido* y con su cultivo. A determinados oídos, instalados en la concepción de que la educación debiera ser ante todo una herramienta técnica, socialmente eficiente pero neutra, este propósito les puede sonar extraño. Pero es que esto mismo es ya una determinada propuesta de valores. Sea cual sea su orientación, todo sistema educativo presenta un referente axiológico último. En él —y lo mismo cabe decir de la familia como ámbito educativo fundamental— se educa no solamente por lo que se enseña, sino también *por lo que no se enseña*. Por acción o por omisión, todo educador transmite un modo de entender la realidad y al ser humano mismo.

Por eso, hoy, el ideario y proyecto educativo de los centros escolares no debería ser algo ornamental, sino su piedra de toque ante las familias y ante ellos mismos.

43

Educación en valores, educación integral

Venimos insistiendo en la importancia de una educación en valores, que ha de entenderse como formación integral de la persona, como un empeño no improvisado de ayudar a niños y jóvenes para que desarrollen una personalidad madura. En suma, como una educación no sólo personalizada sino, sobre todo, personalizadora.

La madurez personal es fruto del fomento de una creciente unidad interior, acorde con el orden y la jerarquía de las capacidades naturales de la persona humana. Se pone de manifiesto en el equilibrio, el conocimiento bien fundado, la responsabilidad, la generosidad, la honestidad, la constancia…, valores humanos todos ellos que resultan del dominio de sí mismo y de un proyecto personal de vida sólido. Estos valores, integrados adecuadamente, vienen a configurar la urdimbre psicológica y moral de una persona y ofrecen el fundamento para la orientación de la propia vida hacia la verdad, el bien y la belleza. Y son por ello, además, la mejor inversión social.

El tipo de educación que proponemos exige una clarificación y un encuentro con valores que contribuyan al desarrollo de una personalidad rica en humanidad. ¿Qué es un valor, en el sentido al que aquí nos referimos? Yendo a lo esencial, podemos describirlo como *un bien* –algo que contribuye a la mejora del mundo y del propio ser humano– *que nos atrae*, que incide en nuestra existencia.

Es, por un lado, algo objetivamente bueno: ideales, criterios de actuación, cualidades presentes en las cosas, virtudes y comportamientos que hacen mejor al ser humano... Pero, por otro, también, viene a satisfacer deseos y necesidades de la persona, y por ello nos saca de la indiferencia, nos agrada y nos ilusiona, lo que implica una peculiar receptividad, una capacidad de asombro, una cierta sensibilidad.

Esto último es más importante de lo que parece. Nos encontramos a veces con personas –jóvenes en particular pero no sólo ellos– que se resisten ante costumbres, tradiciones, principios morales: «son cosas de mayores», «no me dice nada», «eso está pasado, «es un rollo», «es una imposición que va contra mi libertad...», escuchamos. Muchos padres y educadores en general se angustian –seguramente con razón– por la resistencia de sus hijos y alumnos a aceptar y hacer suyos determinados comportamientos, criterios o creencias.

Y es que cuando un principio moral no consigue dar forma al comportamiento desde el interior de uno mismo, orientando la lógica y las inclinaciones íntimas, tiende a imponerse desde el exterior, limitando y entorpeciendo un desarrollo humano que no es capaz de guiar. Más aún: tiende habitualmente a suscitar una reacción en contra. Sobre todo cuando se han dejado atrás los primeros años de edad, esos principios o normas morales, por buenos y convenientes que sean, pueden percibirse sólo como algo impuesto, como una forma de violencia que choca con el propio afán de libertad.

Por eso es muy importante cuidar desde muy temprano la capacidad receptiva en el proceso de aprendizaje, la capacidad de asombro y de escucha, la sensibilidad, el deseo de aprender, la experiencia de satisfacciones profundas que son fruto del esfuerzo y la constancia...; y no decidir o elegir «porque me gusta o no me gusta», «tengo ganas o no», «me apetece o no me apetece», «lo hacen o no lo hacen los demás...». La educación actual tiende a fomentar la socialización de las generaciones jóvenes, pero ha olvidado a menudo su personalización.

44

Valores de situación y valores de sentido

UNA DE LAS CLAVES DE LA MADURACIÓN de la persona es la configuración de una escala de valores correcta, de una serie de prioridades o principios que sirven de referencia a nuestra visión del mundo —cosas, personas, acontecimientos, actuaciones…— y que orientan nuestro propio comportamiento. Y «correcta» quiere decir aquí respetuosa con el orden y valor de la realidad y con la dignidad de las personas.

El ser humano es un ser unitario, pero en él se distinguen varias dimensiones. La unidad de lo diverso es la armonía, el orden; y, así, la jerarquía o escala de los valores tiene como referente la jerarquía de la naturaleza constitutiva del hombre, biológica, psicosocial y trascendente, la cual puede apreciarse en las diversas necesidades y potencialidades humanas. Los valores son bienes que satisfacen esas necesidades y potencialidades, y pueden ordenarse —un tanto esquemáticamente— en tres categorías básicas:

1) VALORES VITALES. Las necesidades biológicas primarias, correspondientes al «fondo vital» del ser humano (Philipp Lersch), son satisfechas mediante la posesión y asimilación de determinados bienes, que podemos llamar *valores vitales*. De no ser satisfechas tales necesidades, el ser humano se ve sumido en la *indigen-*

cia; pero, si lo son, surge un estado de satisfacción, que llamamos *deleite, goce o placer,* caracterizado por su inmediatez, intensidad y corta duración. Este tipo de valores –y las necesidades que vienen a satisfacer– prevalecen durante los primeros años, cuando el grado de dependencia es mayor y la existencia más precaria, aunque se dan, obviamente, a lo largo de toda la vida.

2) Valores socioafectivos. Otro tipo de necesidades o tendencias, menos inmediatas, son las que corresponden a la vida afectiva. Los bienes que satisfacen estas necesidades –de ser querido, atendido, aceptado, apreciado, acompañado…– son los llamados *valores socioafectivos.* La privación o insatisfacción en este tipo de necesidades da lugar al sentimiento de *soledad e inseguridad, al desamparo afectivo*; y su satisfacción da lugar a *la autoestima, el gozo y la alegría,* de menos intensidad que el mero placer o deleite, pero de mayor duración y hondura. Aunque también están presentes durante toda nuestra vida, estos valores socioafectivos adquieren especial protagonismo en la adolescencia, momento en que se descubre la propia intimidad y se aprende a conjugar las relaciones interpersonales con la afirmación de la propia autonomía.

Los valores vitales y los socioafectivos pueden considerarse como *valores de situación o inmanentes,* y en ellos prevalece un dinamismo de *posesión*, en sentido amplio.

3) Valores de sentido o trascendentes. Existen, finalmente, otro tipo de necesidades y tendencias que remiten más allá de sí mismo y que se ubican en el plano más noble y más estrictamente personal de la vida humana. Son las tendencias y necesidades transitivas o trascendentes, más netamente espirituales (en sentido general, no solo religioso). Se sitúan en un ámbito de *creatividad, de entrega y efusividad.* A ellas les corresponden los llamados valores de sentido o trascendentes. La ausencia o privación de estos valores manifiesta un estado de *vacío existencial, de sinsentido, de intrascendencia personal y desesperanza.* A su vez, la

adquisición y posesión habitual de dichos valores lleva a un tipo de satisfacción que denominamos *plenitud, paz y felicidad,* caracterizada, más que por la intensidad del momento, por la profundidad, la serenidad y la fecundidad espiritual, y que presenta una clara vocación de permanencia. Este tipo de valores son los que caracterizan de modo más propio a una personalidad madura.

45

Educación y escala de valores

La personalización que da contenido y hondura a la tarea de educar tiene lugar *mediante el encuentro con los valores de sentido* y con su cultivo. Ahora bien, el ser humano, aunque presenta diferentes dimensiones, es radicalmente un ser unitario y, como tal, exige orden, complementariedad, articulación y orientación coherente en su obrar, porque el obrar sigue al ser, es su expresión; y por ello el modo de obrar ha de estar en consonancia con el modo de ser.

Recuperemos algunas reflexiones anteriores. Hemos señalado ya que en la persona humana se aprecian tres dimensiones principales, constitutivas de su naturaleza y jerarquizadas de acuerdo con ella, y que son el fundamento de una escala de valores centrada en la persona, tomada esta en su integridad: *biológica, psicosocial y trascendente.* El crecimiento personal, la personalización, consiste propiamente en el *ordenado cultivo* de estas dimensiones.

Las *necesidades y tendencias de tipo biológico* miran a la supervivencia del individuo, y los bienes que las satisfacen son los *valores vitales,* cuya adquisición y disfrute da lugar al placer, que es más bien inmediato, relativamente intenso y de corta duración. (Incluye los valores «económicos», los relativos al alimento y la salud, el bienestar, el cobijo…).

Las *necesidades psicoafectivas* son las relacionadas con la estima y la pertenencia, con la necesidad de autoafirmación y seguridad; los bienes que las satisfacen son los *valores socioafectivos*, cuya presencia da lugar a la alegría y la autoestima; presentan menos intensidad pero más duración que los anteriores. (Compañerismo, seguridad, empatía, prestigio, diversión, etc.). Estos dos tipos de valor (los vitales y los afectivos) son los llamados «valores de situación».

Y por encima de todos ellos, vinculados a la *necesidad de sentido*, se hallan los valores *trascendentes* o «valores de sentido», que miran más allá de uno mismo, y se hallan vinculados a la necesidad de autodonación de la persona (no son poseídos; se entrega uno a ellos); son la clave de una vida lograda. Es importante advertir que el sentido es trascendente o, si no, no hay sentido, y que el estado consiguiente a la satisfacción de la humana necesidad de sentido es precisamente lo que llamamos *felicidad*.

De acuerdo con esta jerarquía, los *valores de situación* no deben suplantar nunca a los *valores de sentido*. El vacío existencial o el desafecto de una persona no pueden ser satisfechos nunca por una oferta de bienes económicos, por muy abundantes que sean. El estado de satisfacción tiene lugar solamente cuando se produce la adecuación entre la tendencia y el bien que le corresponde. «Ni se pueden satisfacer las necesidades primarias biológicas con bienes intelectuales, estéticos o espirituales, por muy sublimes que sean, ni se pueden satisfacer las necesidades afectivas o las trascendentes con bienes de consumo» (Abilio de Gregorio).

La unidad de la vida personal reclama un desarrollo integral hacia la plenitud. Por eso, la satisfacción de las tendencias o necesidades transitivas requiere una satisfacción suficiente de las necesidades inferiores, pero, una vez alcanzado el sentido, puede llegar a renunciarse en gran parte a las satisfacciones materiales e incluso emocionales. (Por ejemplo, por el bien de la persona amada o porque lo exige mi lealtad a un noble ideal o a Dios, puedo renunciar a bienes materiales, ventajas laborales, etc.). Es la madurez de la entrega, del sacrificio, el «amor ordenado» (*ordo amoris*) en el que san Agustín hacía consistir la virtud.

46

La educación brota de la familia

Uno de los aspectos esenciales del proceso educativo es la paulatina integración de la persona, a la vez receptiva y creativa –aprender a recibir, aprender a dar–, en ámbitos de encuentro y de convivencia, empezando por la familia, en la que es llamada a la existencia.

Las relaciones humanas vuelven el mundo un lugar habitable, nuestros vínculos configuran en él ámbitos que se convierten en morada humana.

Cuando un ser humano se halla a la intemperie, en el sentido físico –pero aún más en el sentido afectivo y personal– tiende a buscar cobijo, abrigo, protección y seguridad. Esta necesidad encuentra su remedio en un ámbito de afecto personal y de acogida en el que se puede «estar», en el que la amistad y la familiaridad brindan el calor, la protección y el refuerzo de la propia identidad y de la conciencia de sí mismo, más necesarios aún que el calor del cuerpo.

Para la persona humana vivir es convivir. Las relaciones interpersonales son el escenario, el argumento y el motor de la existencia humana. El ser humano adquiere el conocimiento de sí mismo como un yo digno, irreductible a todo lo demás, al experimentar que es acogido, comprendido, atendido y valorado como «alguien» único e irrepetible por otra persona significativa para él. A través de la relación de intimidad y de acogida entre las personas brota el sentido y, a través de él, *el mundo se hace morada* para el ser humano.

Esto acontece de un modo privilegiado en el ámbito familiar y también en la amistad. La protección y la autoestima nacen de la compañía, de un ámbito de compartida intimidad. Es en este ámbito de encuentro donde la vida de cada hombre y de cada mujer adquiere su primer perfil y rostro personal y donde se aprende a conocer la realidad. Por ello puede afirmarse que la educación es de algún modo una prolongación de la paternidad y de la maternidad, y una cierta forma de ayuda cordial, basada en la confianza.

La familia desarrolla, sobre todo, su labor educadora *a través de la convivencia.* Padres e hijos viven juntos una relación sencilla en la que se cultivan, atesoran y transmiten valores que se manifiestan en la vida de todos los días. La educación integral de la persona es ante todo una labor de contagio personal de actitudes. De cómo los padres hablen al hijo y de las relaciones que mantengan con él y entre sí, depende el modo como el niño conocerá más tarde el mundo y desarrollará su sociabilidad y su trabajo; también el modo en que concebirá a Dios. El niño aprende de lo que ve vivir, y lo más importante que los padres deben dar a los hijos es la *seguridad* de su amor y de su aprecio. Después vendrán las convicciones, las costumbres y hábitos, los gestos y las enseñanzas.

Es fundamental que los principios educativos de la escuela y de la familia sean los mismos y que ambas intervengan ayudándose mutuamente, siendo la escuela la prolongación delegada del esfuerzo, el derecho y la responsabilidad de los padres en la formación humana de sus hijos.

Entre otras cosas porque, sin el fundamento previo y la colaboración cotidiana de una *educación familiar* rica en certezas y en valores humanos, la labor escolar será escasamente eficaz.

47

Educar es ofrecer claves de sentido

LA FUNCIÓN PRINCIPAL DE LA FAMILIA, decíamos, es introducir a los hijos en los ámbitos más valiosos de la realidad, en el universo de los valores de sentido. Estos valores esenciales *no se* enseñan *sino que se aprenden,* decían los griegos. Y se aprenden respirando el «clima» que se comparte con personas valiosas, buenas; viéndolas vivir y viviendo con ellas.

Son los padres, responsables directos del bien de sus hijos pequeños, quienes tienen el deber y el derecho de definir, con la palabra y con la vida, cuáles son los valores *desde y para* los que se les ha de educar. El papel de la institución escolar y del sistema educativo en su conjunto consiste en colaborar cualificadamente en dicha tarea, sin traicionarla.

Una educación personalizadora, por encima de la transmisión de destrezas y recursos orientados al éxito económico y social, es la que procura asegurar la presencia e interiorización de los valores de sentido y la maduración de una personalidad «sólida», creativa y generosa. En ella, el *verdadero maestro* tiene como misión proponer significados que permitan al educando aprender a valorar la realidad, a las personas y su propia interioridad, capacitándole para hacer opciones libres y lúcidas de acuerdo con auténticos valores de sentido.

Y esto, ¿en qué asignatura se «enseña»? En todas. Desde el momento en que un maestro se sitúa delante de un educando le está diciendo: «El mundo es así», como decía Hannah Arendt. Pero también por el modo en que le trata, le atiende y le valora, le está diciendo: «Así eres tú». Porque en la educación el amor precede al conocimiento; ese amor que busca el bien de la otra persona y que limpia el cristal de la razón por el que ha de pasar la luz de la verdad hasta lo más profundo de la persona.

Por ello, más relevantes aún que los conocimientos –sin duda, indispensables– son los criterios y referentes que tales conocimientos configuran en el educando, pues desde ellos aprenderá a comprender, juzgar y actuar. Tales criterios dependen mucho de los referentes de interpretación que aplique el profesor en su área respectiva de conocimiento y también del clima de confianza, respeto y estímulo que suscita con su actitud de educador.

A este respecto, lo medular de *la educación católica* es hacer creíble de manera experiencial que el ser humano encuentra pleno sentido en su encuentro y relación con el Dios vivo, que es también el fundamento de la realidad creada.

Ello implica, por un lado, ofrecer al educando una «matriz cognitiva cristiana» en la que se descubre la presencia de Dios en la realidad según lo específico de todas las áreas de conocimiento; para que desde ella comprenda, interprete e interactúe creativa y responsablemente con toda la realidad.

Y, por otro, requiere el cultivo de una vida interior intensa, donde sea posible la experiencia del encuentro personal y la intimidad con Dios y el compromiso de amor al prójimo. Sería alevoso que se limitara a ofrecer una religión sentimentaloide, superficial e inútil, que arrojase a la vida a nuestros jóvenes sin defensas morales porque la doctrina más excelsa que les propone es la de «Colorea la chancleta de Jesús y ten un gesto solidario con tus compañeros y compañeras». Por ejemplo.

48

Libertad de educación, es decir, subsidiariedad

LA PERSONA HUMANA ES EL PRINCIPIO, el sujeto y el fin de la vida social. La familia, en la que la persona es acogida y valorada como un ser único e irrepetible, es la primera escuela de crecimiento personal y de sociabilidad a través de los vínculos de afecto y responsabilidad que en ella se establecen.

Pero, a partir de un momento dado, la introducción de la persona en la realidad implica una complejidad creciente que sobrepasa las posibilidades educativas de la familia; por ello, la familia recurre a la ayuda de otras instituciones especializadas para prolongar a través de ellas esa tarea primordial. Y así –mucho antes de que existiesen los Estados, la historia ofrece ejemplos de personas e instituciones dedicadas sistemáticamente a la transmisión de conocimientos, a la formación de la personalidad y a la orientación ante la vida, prolongando y completando la educación familiar.

En nuestro ámbito cultural e histórico es indiscutible la creatividad educativa ejercida por la Iglesia católica en dicha colaboración: en la época de la Cristiandad medieval aparecen escuelas de primeras letras y canto, escuelas monásticas, conventuales y catedralicias, universidades y estudios generales; en el arranque de la Modernidad, academias científicas, talleres artísticos, cofradías, escuelas de doctrina, colegios, instituciones religiosas dedicadas a la enseñanza, bibliotecas, oratorios festivos, escuelas profesionales, centros de acogida para niños sin hogar y sin instrucción… Y esto, mucho antes de que existiera algo llamado, por ejemplo, «Estado español».

Esta prioridad de naturaleza y de iniciativa histórica pone de manifiesto que la tarea de las instituciones colaboradoras de las familias en el ámbito educativo –tanto las de iniciativa social como las estatales– es la de garantizar, prolongar y ayudar a la tarea de las familias cuando estas lo requieren. «La familia es el elemento natural y fundamental de la sociedad y tiene derecho a la protección de la sociedad y del Estado» (*Declaración Universal Derechos Humanos* art. 16.3). Y por ello «los padres tendrán derecho preferente a escoger el tipo de educación que habrá de darse a sus hijos» (*Id.* art. 26.3).

La familia es, así pues, la institución más próxima y connatural a la persona, donde esta es máximamente significativa, el ámbito en el que el rostro y la singularidad de la persona no se desfiguran en el anonimato de la colectividad social.

Por todo ello, personas y familias tienen derecho a realizar con libertad sus funciones en el marco del bien común, a cumplir sus deberes y defender sus derechos. Sólo cuando no puedan o no consigan hacerlo, han de intervenir las instancias de nivel más alto para ayudarles a lograrlo, y podrían suplirles en caso de estricta necesidad. La función del Estado y de las instituciones escolares es meramente subsidiaria.

El principio de subsidiariedad establece que se ha de respetar y promover la capacidad de las comunidades pequeñas y de las mismas personas, tanto para desarrollar sus propias iniciativas como para ejercer sus responsabilidades específicas. Con él encuentran defensa la dignidad y la centralidad social de las personas. Este es el modo más adecuado de garantizar que el Estado sea *para* las personas y no las personas *para* el Estado o las demás estructuras. El caso de la educación es, en este sentido, un significativo termómetro de libertad.

49

El Proyecto Educativo de Centro: ¿educar para qué?

LA IDENTIDAD DE UN CENTRO EDUCATIVO consiste en el modo en que entiende la tarea de educar, lo cual implica a su vez una visión del ser humano y del sentido de la vida, ya que, por medio de la enseñanza, de la formación de la personalidad y de la convivencia, se busca ayudar al educando a avanzar en su proceso de maduración como persona.

Eso es lo que intenta reflejar el Proyecto Educativo de cada centro, en el que se busca dar respuesta a estas tres preguntas: *¿Quiénes somos?, ¿qué pretendemos?, ¿cómo nos organizamos?* En gran medida, el Proyecto refleja el carácter y el ideario de un centro escolar, aquello que le da una cierta singularidad, tanto si el centro es de iniciativa social como si es estatal. Y parece que debería ser el referente para elegir determinado centro las familias, interesadas en principio por el tipo de educación que desean para sus hijos.

Pero es muy posible que, al considerarse cuestión teórica por diversas razones –formulación de principios un tanto abstractos, opción prioritaria por lo práctico y por las múltiples demandas sociales, contexto social relativista o secularizado...– el Proyecto educativo se convierta en algo «sobreentendido», y a fin de cuentas en una formalidad que no repercute demasiado en la vida diaria del centro escolar.

Esto es negativo para el propio centro, puesto que, si no tiene muy en cuenta y no concreta lo que constituye su identidad (su visión del ser humano, de la educación misma, su concepción del currículo, criterios para la selección y formación del profesorado, sus prioridades organizativas, la índole de sus proyectos, el papel de las familias…) se daría un cierto caminar a ciegas o girar como una veleta, a remolque de las modas y leyes del momento, de posibles posicionamientos de profesores y sindicatos, de las presiones de la administración educativa de turno…, sin que se garantice la lealtad hacia los principios que inspiran el ideario o los valores fundamentales para los que el centro ha sido creado.

Pero también para los padres es bueno saber qué tipo de colegio eligen para sus hijos y por qué. Está bien la proximidad al propio domicilio, o que la dotación de ordenadores, TIC y «aulas de futuro», o el énfasis en los idiomas o las actividades extraescolares aporten cierto atractivo; pero quizás sea aún más importante qué tipo de personas se busca educar y cómo, cuál es la visión del ser humano y de la vida que orienta programaciones y actividades. Sobre todo, si el colegio se dice católico, por ejemplo. Entre otras cosas, porque, si las cosas se ponen difíciles –no sería la primera vez, ni la segunda…–, sería bueno saber qué tipo de enseñanza se promueve desde el centro que defiendan las familias.

A la vista de la apuesta de muchos centros por la innovación, de la variedad de estructuras, planes y proyectos, de la complejidad de las programaciones y requisitos administrativos, de la febril requisitoria de formación permanente para el profesorado, de la prolija e indescifrable jerga pedagógica e ideológica –pobres docentes…–, de las numerosas oportunidades para que el alumno pase de curso sin la preparación adecuada, de la variedad y abundancia de actividades extraescolares…, más de un observador podría afirmar que nunca fuimos tan deprisa hacia ninguna parte.

50

Educación y sociabilidad humana

LA NATURALEZA HUMANA, tal como se muestra en el niño desde su concepción, y a diferencia de las demás especies animales, presenta una inicial y apremiante indigencia, un cúmulo de necesidades que es preciso satisfacer y una serie de capacidades extraordinarias que es necesario ayudar a cultivar. La educación es lo más esencial en este proceso de ayuda a la maduración de las personas.

El desarrollo de la personalidad encuentra su ámbito y motor necesario en la relación interpersonal. Pero su protagonismo ha de ir asumiéndolo según su capacidad el propio ser humano que se educa. Este no debe ser sustituido en el proceso de su formación salvo en los primeros años, por las razones indicadas.

Para todo ser humano vivir es convivir, y la familia es el primer ámbito de socialización. La sociabilidad –la radical inclinación a dar y recibir entablando relación con otros seres humanos– es una vertiente esencial –aunque no la única– de la persona. El ser humano necesita comunicarse, poner su ser en común, dar y recibir, aportar y compartir. La interdependencia nos hace sentirnos responsables, y en el desarrollo de esta responsabilidad estriba el proceso de maduración.

Mientras no esté en condiciones de ejercer con pleno conocimiento y responsabilidad el protagonismo de su vida, un niño o un joven ha de ser auxiliado en el conocimiento del mundo y de sí mismo, y en la toma de decisiones, e incluso, como ya se ha dicho, ha de ser suplido temporalmente en los primeros años de su vida.

Ser padre o madre no consiste sólo en engendrar, sino en educar, en capacitar al hijo para que llegue a valerse por sí mismo con vistas al bien mediante el desarrollo de sus potencialidades naturales y personales. Al dar la vida a sus hijos, los padres adquieren el deber de mantenerlos y ayudarlos a madurar. Por eso tienen también el derecho de guiarles en su trayectoria educativa mientras llegan a valerse por sí mismos de forma responsable.

La auténtica socialización no implica una absorción de la persona y de sus responsabilidades por parte de la colectividad y del Estado, sino una *intensificación de las relaciones personales,* libremente asumidas, que debe conducir necesariamente a un mayor grado de *personalización.* Y *personalizar* es precisamente la tarea de la educación: introducir al ser humano en la realidad, ayudarle a acceder a lo real, por un lado, y a desarrollar la realidad que es él mismo, por otro, dentro de un sentido unitario, integrador y potenciador. Ayudarle a ser y a cultivar lo mejor de la persona que es.

A pesar de ciertas pretensiones totalitarias hoy en boga, el Estado no es ni la fuente de donde surge el ser humano ni la instancia última para definir su personalidad. Por consiguiente, no tiene autoridad para determinar los elementos y fines que configuran su pleno desarrollo.

La persona es más que un simple elemento de la sociedad y del Estado. Cada persona sigue siendo significativa, conserva un rostro identificable en los ámbitos de convivencia de los que forma parte. La masificación y el anonimato, la despersonalización, la dependencia permanente y la disolución de la responsabilidad personal en el entramado de las relaciones sociales y económicas no pueden ser la finalidad de la educación, por más que se empeñen ciertas leyes.

51

¿Proyecto educativo familiar?

EN EL SENO DE LA FAMILIA LAS BASES de la educación de los hijos ocupan un lugar esencial, no delegable por los padres a otras instancias como el centro escolar, por ejemplo.

La primera piedra de la educación familiar y principal garantía de construcción de una personalidad madura y equilibrada de los hijos está en el *cultivo del amor entre los esposos*. Viendo cómo se quieren sus padres, los hijos aprenden qué es el respeto, la servicialidad, la generosidad, la constancia, la responsabilidad por el bien del otro y la diferencia entre el bien y el mal. El factor decisivo de una buena educación de los hijos radica en el clima afectivo y de valores en el cual crecen. Santa Teresa de Calcuta decía a los padres: «No os preocupéis si vuestros hijos no os escuchan. Os están observando todo el día».

Después será preciso establecer *de común acuerdo* unas prioridades que se convertirán en valores y normas de comportamiento dentro y fuera de casa. Pero no será suficiente tener claras la ideas acerca de los objetivos del proyecto educativo familiar. Es preciso *ejemplificar*, proponer conductas *concretas*.

Los hijos deben percibir claramente cuáles son las expectativas de sus padres sobre ellos, formuladas en términos claros, en

comportamientos concretados y avalados por el ejemplo. No será
suficiente proponer «generosidad» si no se especifica en qué: dedicar un tiempo del día para ayudar al hermano pequeño, aportar
algo para el regalo a los miembros de la familia, prestar sus cosas,
etc. A nada conduce insistir en que deben ser ordenados si no se
les enseña y exige orden en sus juguetes, su ropa, su habitación…
Sería contraproducente decirles que no hay que mentir y que nos
vean hacerlo en ciertas situaciones.

A la familia se la ha dotado del instrumento educativo fundamental: el afecto, el amor tangible. El mensaje «Te quiero», «Tú
eres único para mí», «Tú eres lo que más vale para mí…», se transmite a través de gestos muy precisos, especialmente con los hechos
y, en lo posible, «estando» con ellos, dándoles nuestro tiempo.
Poco tiene que ver con un sentimentalismo superprotector que les
va ablandando ante la dificultad, con «tiempos de calidad» forzo-
sos y menos aún con regalos caros o aparatosas celebraciones en
locales de moda.

El proyecto educativo familiar, con sus prioridades y normas,
podría convertirse en un reglamento sofocante si falta un clima de
pleno afecto. El rechazo de algunos hijos hacia normas y valores
propuestos por sus padres puede ser una reacción ante unas exigencias planteadas y vividas sin cariño, sin paciencia, sin alegría.

Configuramos nuestra personalidad según modelos de identificación. Los valores vividos por los padres serán asumidos con
naturalidad por los hijos si les ven vivirlos con alegría, aun en
medio del sacrificio llegado el caso.

Los hijos, afortunadamente, no son mecanismos programa-
bles. Es muy posible que sus conductas no respondan a nuestras
expectativas. Ahí entra también su libertad, y sus flaquezas. Es
su responsabilidad también. Nunca tendremos certeza sobre los
resultados de nuestro esfuerzo educativo. Sólo la tendremos sobre
cuál será el efecto de *lo que no hagamos*.

52

La importancia de la lectura para aprender a vivir

LOS PADRES SON RESPONSABLES de introducir a los hijos en el universo de los valores de sentido. Al dar la vida a sus hijos, adquieren el deber de guiarles en su trayectoria educativa mientras llegan a valerse por sí mismos de forma responsable.

Al educar a niños y jóvenes aspiramos a promover en ellos un modo de sentir y desear que sintonice con lo valioso. Dicho de otro modo: queremos que aprendan a distinguir con acierto entre el bien y el mal y que opten habitualmente por el bien. Platón sostenía que la educación consiste en «aprender a mirar», es decir, en dirigir nuestra mirada, nuestra reflexión, hacia lo verdaderamente importante, a la verdad y no a la apariencia, al bien y no simplemente a lo que atrae, a la belleza, que es el esplendor de la divinidad.

Se trata de elevarse a la contemplación de lo esencial, por encima de lo que «me gusta o no me gusta», «me apetece o no», de intereses y ambiciones, de deseos conducidos por la codicia o las pasiones. En el fondo, es la búsqueda de la verdad que nos hace libres.

Uno de los medios principales para cultivar esta capacidad de reflexión es el hábito lector. La lectura ejercita la imaginación, despierta la curiosidad, fomenta el interés y el aprendizaje. Cuando se convierte en hábito y se vierte sobre buenos libros, genera un proceso de reflexión que ayuda a desarrollar la capacidad de asombro, a plantearse preguntas y a configurar un criterio propio.

Las lecturas ayudan a interpretar el mundo que nos rodea y a dar un significado a los hechos cotidianos y a las encrucijadas que nos salen al encuentro a lo largo de la vida, sobre todo en los primeros años: normas, actitudes, valores, criterios de discernimiento, pautas de conducta, modelos humanos de comportamiento, expectativas vitales…

La buena literatura –en particular la de los *clásicos,* que han superado el paso de tiempos y modas para alcanzar el valor de *lo humano permanente*– es capaz por sí misma de hacernos reflexionar mediante la propia fuerza del relato, invitándonos a analizar y valorar actitudes humanas, situaciones, modelos de comportamiento y referencias para el propio vivir.

Giovanni Sartori, en su obra *Homo videns. La sociedad teledirigida* (1998), llamó tempranamente la atención sobre los efectos de la presente revolución multimedia. Advertía que esta revolución está transformando al *Homo sapiens*, vinculado con la cultura escrita, en un *Homo videns,* para el cual la palabra ha sido desplazada por la imagen, y las razones y argumentos por las reacciones emocionales. La primacía de la imagen, de los estímulos sensibles y del ritmo, de lo visible sobre lo inteligible, lleva a la superficialidad, a un *ver sin entender.* Lo audiovisual, afirmaba, aunque también presenta aspectos positivos, desencadena impresiones, reacciones emocionales que invitan a prescindir de la palabra, y con ella de la reflexión, de la elaboración y del examen de las razones.

Así pues, en el seno familiar, donde se adquieren las primeras referencias acerca de lo nuclear de la vida, es preciso iniciar en el hábito lector y cultivarlo en los niños si queremos que aprendan a vivir de manera creativa, reflexiva y con sentido de la responsabilidad. A ello dedicaremos nuestras próximas reflexiones.

53

El hábito lector, clave de la educación

La palabra es el cauce del pensamiento, permite precisar, distinguir y, por lo tanto, comprender. A través de ella el mundo, también nuestro mundo interior, se nos muestra y se nos hace comprensible.

Conocer la realidad exige una riqueza interior que resulta imposible sin una riqueza de lenguaje suficiente; y el tesoro de la palabra es fundamental para desarrollar la reflexión, el espíritu de observación, el pensamiento reposado y profundo, matizado.

La pobreza de recursos expresivos lleva a la falta de precisión, y esa inexactitud a la confusión, lo que conduce necesariamente a una simplificación del pensamiento y finalmente a no saber pensar, deducir, relacionar, contrastar, distinguir…, a no saber comprender, expresar ni expresarse; y, como consecuencia, hallarse a merced de eslóganes, estímulos, imágenes seductoras, reacciones emocionales incontroladas y falacias de todo tipo.

Quizás, también, hemos sentido alguna vez el agobio del «lo sé, pero no lo sé explicar bien», y eso indica un pensamiento aún confuso, no suficientemente destilado por la lectura. Por otra parte, no es lo mismo leer que *saber leer*. Pedro Salinas hablaba de la paradoja frecuente de «ciertos analfabetos que leen… sin saber».

Para saber leer es preciso adquirir el hábito lector, disfrutar leyendo y comprendiendo lo que se lee. Es adquirir un fecundo vocabulario, ciertamente, pero también captar más allá de las palabras, entre líneas e incluso en los silencios de quien escribe, verdaderas claves de sentido. Es entrar en diálogo con el autor y con los personajes. «Leemos –aseguraba C.S. Lewis– para saber que no estamos solos».

Porque, en efecto, el hábito lector, la lectura habitual de buenos libros, es una de las herramientas más útiles y gozosas para la maduración del pensamiento, para la educación de los afectos, para abrirse al conocimiento del mundo; también al propio mundo interior, pues «la palabra hace navegable el sentimiento» (J. A. Marina).

La iniciación y cultivo del hábito lector ha de ser una prioridad en la educación familiar, sobre todo ante la actual avalancha de lo audiovisual y lo virtual; y ello por varias razones:

a) ENRIQUECE INTELECTUAL Y MORALMENTE: estimula la imaginación, ayuda a resolver problemas, cultiva la memoria, aporta riqueza de vocabulario, facilita conocer el mundo, muestra comportamientos y sentimientos, enseña a asombrarse, a comportarse, a valorar conductas, a conocer las consecuencias de las acciones, suscita preguntas e impulsa a saber más, enseña a pensar: razonar, deducir...

b) Suscita el APRECIO POR LA BELLEZA: se adquiere y se educa la sensibilidad hacia lo hermoso, lo bueno, lo heroico, lo original; y se induce a rechazar lo malo, lo injusto, lo feo...

c) ENSEÑA A PROFUNDIZAR: frente a quienes viven en la superficialidad y no se asombran, no admiran, no valoran críticamente, no respetan, no agradecen, no ponen atención ni esmero en lo que hacen, viven a toda prisa...

d) ESTIMULA LA CREATIVIDAD: se conocen historias, hechos asombrosos, se aprende a resolver problemas y a afrontar situaciones diversas...

e) FORTALECE LA CAPACIDAD DE INTERIORIZACIÓN: estimula la reflexión, enseña a concentrarse, a escuchar, a admirar, a contemplar, a empatizar. Se aprende a «estar consigo mismo» (intimidad, introspección, conocimiento de uno mismo, iniciación al juicio moral...).

54

La iniciación a la lectura en el hogar

EL HÁBITO LECTOR ES CAUCE educativo para una vida rica en reflexión y valores humanos y por ello ha de cultivarse desde la primera infancia. En el ámbito familiar es de gran importancia la *lectura de apego* por parte de los padres ya desde el primer año; también que los padres lean, ellos mismos, habitualmente y con agrado, y que sus hijos les vean hacerlo, y que en el hogar se disponga de una biblioteca familiar que esté viva, formada con buenos libros, adecuados a las diferentes edades.

Que un niño no sepa leer todavía no implica que no pueda disfrutar de las historias que se presentan en un libro; son los padres quienes hacen de intermediarios entre el cuento y él, facilitando que, a través de la expresión de las emociones que se narran y se comparten, el niño pueda interesarse en la lectura, en los valores y riquezas que aporta.

Es muy divertido iniciar este hábito con imágenes e ilustraciones y con la narración oral cuando son pequeños, para suscitar el asombro y el deseo de conocer, y facilitar así que lleguen paulatinamente a la lectura personal.

Contarle o leerle un cuento a un niño implica una *actividad de apego* y será uno de los momentos que atesore durante toda la vida, incluso de manera no consciente, ya que es un tiempo compartido y de dedicación exclusiva para él; así se fortalecen los lazos emocionales. El niño pequeño aprende que es alguien valioso por ser «él» (o «ella») mismo, ya que sus padres le dedican una atención expresa con la que refuerzan la valoración incondicional de su persona.

Cuando, en efecto, una mamá le lee a su hijo se produce un encuentro muy íntimo, en el que su voz, la más próxima y cercana al bebé, lo acoge cariñosamente mientras narra historias, canta canciones… Cuando lo hace el papá, a su vez, se refuerza el sentimiento de autoestima por parte del niño o de la niña.

La lectura en voz alta (leerles cuando son pequeños, antes de dormir, y más adelante, cuando han aprendido, hacer que ellos nos lean en voz alta) permite aprender a reconocer y a utilizar la entonación, favorece la ortofonía, ayuda a generar habilidades sintácticas y a adquirir estructuras de lenguaje culto.

Es estupendo hablar con ellos sobre lo leído: poner palabras, suscitar preguntas, hacer pensar, ayudar a comunicar los propios sentimientos y conocer los de los padres, trasladarles referencias y criterios de discernimiento y de prudencia en el obrar… Muchos cuentos muestran el modo como ciertos personajes afrontan situaciones complicadas, lo que permite que el niño adquiera confianza para poder superar obstáculos.

Por el contrario, que la lectura sea desplazada por la televisión u otras pantallas; que lo audiovisual —con su fuerza seductora pero emocionalmente anónima— arrebate esos momentos de intimidad lectora compartida entre padres e hijos pequeños generará carencias emocionales y a la vez dependencias hacia los dispositivos digitales, empobrecedoras a corto y largo plazo.

Hemos de privilegiar el aprendizaje mediante la lectura reflexiva y el diálogo frente al aprendizaje audiovisual y el «picoteo adictivo» del mundo virtual. No se aprenden criterios y valores a través de las pantallas, sino a través del descubrimiento acompañado por una persona querida.

55

Educar y vivir al tuntún

En 2023 conoceremos los resultados de la última edición del Informe PISA que lleva a cabo la OCDE para evaluar las competencias de los jóvenes de quince años al final de su etapa educativa obligatoria. Las pruebas pretenden medir «la evolución del conocimiento y las habilidades de los estudiantes en un contexto de proliferación de las TIC, y su capacidad para responder a las demandas de un mundo en constante cambio».

La anterior edición se centró especialmente en la competencia lectora, clave de todo aprendizaje. Los resultados mostraban en general carencias muy llamativas. España y Navarra en particular reflejaban un nivel preocupantemente bajo, ambas por debajo del promedio global; España en el puesto 23 del conjunto y Navarra en el 14 de entre las 17 comunidades españolas.

Se nos dirá tal vez que no es culpa de la educación que tenemos, sino de la deriva social generalizada. Pero la educación no puede limitarse a ser un reflejo de las carencias sociales y culturales del momento, y mucho menos ha de contribuir a ellas.

Los responsables de desarrollar y aplicar las leyes tienen en su mano tomar decisiones tendentes ante todo a la formación integral de niños y jóvenes, en la cual la comprensión lectora es una de las claves principales. Los educadores pueden y deben hacer mucho también. Debe preocupar asimismo que los padres ofrezcan tiempo y dedicación a sus hijos para leer y jugar con ellos, para hablar, para escuchar... Y en PISA hay también algunos indicadores que lo confirman.

Hace no mucho escribía Susanna Tamaro sobre la dificultad de asumir la función paterna con relación a los hijos e hijas adolescentes. Lo que decía vale para todos los responsables de la educación:

«La generación que hoy se asoma a la pubertad (a menudo formada por hijos únicos de padres separados que trabajan todo el día) es quizá la primera criada por niñeras electrónicas: televisión, videojuegos, redes sociales...

»(...) Hay soledad, demasiada soledad entre estos adolescentes. Una soledad poblada de contactos y amigos virtuales, de distracciones y solicitaciones sonoras. Han crecido en un desierto de valores que los vuelve confusos y aburridos. Se diría que ninguno ha rozado jamás su núcleo esencial, que ninguno se ha formulado preguntas fundamentales sobre el significado de la vida: ¿Quién soy?, ¿por qué estoy aquí?, ¿qué está bien y qué está mal?

»Instar a los adolescentes, a responder a estas preguntas es quizá el primer paso que los adultos podemos dar para restablecer en ellos aquellas nociones de dignidad e integridad que, al crecer, tendrán que conquistar si no quieren verse expuestos a la humillación de una vida vivida "al tuntún".»

El problema principal hoy no es que todos tengan acceso a las nuevas tecnologías, que hablen varios idiomas, que se capaciten para integrarse en el sistema productivo o que desarrollen eficazmente una mayor ambición por enriquecerse. El mayor problema es que las grandes cuestiones de la vida se están quedando fuera de la educación. A esto contribuye la actual fiebre utilitarista y la postergación de las humanidades y la formación religiosa en las recientes leyes de Educación. Y si, además, nuestros chavales no saben leer bien...

Sería terrible que la educación se haya convertido en un seductor espejismo en medio de un «desierto de valores», «de una vida vivida al tuntún».

56

El Gran Hermano educador

En ocasiones anteriores hemos insistido en la necesidad de que las familias ejerzan su autoridad en el ámbito educativo y que asuman que tienen mucho que decir ante el establecimiento –imposición más bien– de las políticas educativas que tienen como objetivo a sus hijos e hijas.

En la exhortación *Familiaris consortio,* san Juan Pablo II advertía que «las familias deben ser las primeras en procurar que las leyes y las instituciones del Estado no sólo no ofendan, sino que sostengan y defiendan positivamente los derechos y los deberes de la familia. En este sentido las familias deben crecer en la conciencia de ser «protagonistas» de la llamada «política familiar», y asumir la responsabilidad de transformar la sociedad; de otro modo las familias serán las primeras víctimas de aquellos males que se han limitado a observar con indiferencia» (n. 44).

Por desgracia, lo que se decía en 1981 se ha cumplido. En parte por pasividad, en parte también porque en los últimos años los mensajes que se han multiplicado a través de publicaciones, producciones audiovisuales, medidas políticas y económicas, incluso en los propios ámbitos educativos (escuelas de magisterio, por ejemplo), han puesto bajo sospecha al principio y han negado abiertamente después la capacidad de las familias para definir los proyectos educativos dirigidos a sus hijos e hijas.

Abilio de Gregorio lo decía de manera precisa y verdadera: «Se ha pretendido extender entre los padres un sentimiento de incapacidad para educar a sus hijos. «A nosotros nadie nos preparó para ser padres…», «Educar hoy es muy difícil…». Durante un tiempo se han exhibido caricaturas de la intervención educadora de los padres modelo *Verano azul*, quién sabe si para justificar la necesidad de poner a los hijos en manos de los distintos *Chanquetes* que ofrecen las ideologías. Se niega abiertamente el derecho de los padres a elegir la educación que desean para sus hijos fuera del ámbito familiar. No faltan, incluso, quienes en un falso alarde de defensa de la familia preconizan medidas sociales de sustitución de la misma, como puede ser la de habilitar los centros escolares durante la mayor parte del día, todos los días de la semana y casi todos los meses del año, con el fin de que los padres pongan a sus hijos en manos de funcionarios». Todo esto, añadimos, planificando un «Estado de bienestar» para que los padres no tengan más remedio que salir fuera del hogar a trabajar para poder llegar a fin de mes o para mantener su nivel de vida. Tranquilos: mientras, el Gran Hermano cuida de nuestros hijos.

Se viene a sentenciar que es a la sociedad –a los gobernantes– a quien corresponde establecer cuál es el modelo de persona a formar en los centros escolares y aun en la misma familia, ya que esta sería sólo una pieza secundaria de la sociedad. El Estado es la suprema autoridad ética y educativa, y los padres quedan reducidos a meros usuarios del sistema.

Si, además, paradójicamente, se considera subsidiaria del Estado cualquier iniciativa privada en materia de educación, como hizo la Ley Maravall (LODE) en 1985 (¿cabe mayor perversión o subversión de los principios y de las palabras que utilizarlos en el sentido justamente contrario de su significado?), parece lógico que los padres se conviertan por este camino en *correas de transmisión* de la voluntad de los gobernantes dentro de su propio hogar.

57

Importancia social de la educción familiar

CONVIENE INTERROGARSE ACERCA DE CUÁL es el ámbito natural donde el ser humano puede encontrar con más garantías el remedio de las necesidades básicas en su infancia y elaborar así una urdimbre firme, sobre la que crezca una identidad gratificante y sólida.

Y ahí nos encontraremos siempre con esa específica comunidad humana fundada no sobre simples acuerdos contractuales sino sobre el amor, donde al otro se le acepta solamente porque es. Cuando se menosprecia a la familia y el Estado se pone por encima y por delante, se está profanando a la familia y a la persona que, por naturaleza, la necesita y la exige.

Nadie tiene derecho a contaminar este ámbito insustituible de personalización, desde dentro o fuera: los padres tienen derecho a tener hijos[1], a decidir el número y el momento de tenerlos, así como el tipo de educación que habrán de darles. Pero, una vez concebidos, son los hijos los que tienen derecho a tener padres en

---

1. Conviene precisar adecuadamente esta escueta expresión. A ello dedicamos el capítulo siguiente (57 bis).

un clima afectivo estable que garantice su pleno desarrollo personal.

El recién nacido entra en el mundo en un medio dispuesto, incluso genéticamente, a ampararlo de manera entrañable. En ningún otro ambiente hallará la exigida atmósfera de felicidad, amor y comprensión que encuentra mejor en la familia. Y esta, por tener el deber de asumir esa tarea acogedora y educadora, tiene también el derecho prioritario a las condiciones y recursos necesarios para llevarla a cabo adecuadamente, porque los hijos y la tarea misma de la familia son el mayor bien social, del cual la sociedad misma depende.

No es legítimo, pues, llamar *familia* a cualquier asociación o componenda si esta no favorece el verdadero proceso de personalización. Ni tendría derecho moral a denominarse familia aquella que, aun reuniendo los caracteres formales, no reúne condiciones para cumplir su función primordial.

Y, por lo mismo, toda intromisión para mermar o sustituir la responsabilidad de la institución familiar, bien sea con el señuelo de la profesionalidad técnica, con la celada de la socialización y democratización o con cualquier otra, es una profanación que dificultará el crecimiento personal del ser humano.

Pretender privar al niño de ese primer espacio de calor humano necesario para que configure y consolide su yo en la edad temprana, en nombre de cualquier pretensión supuestamente ética o social superior, sería condenarlo a una personalidad débil e insegura que mendigará permanentemente la aceptación de los demás y buscará la dependencia sin poder llegar a ser nunca él mismo. Más aún: el Estado, suprema autoridad social, se creerá con derecho a usar y disponer de las personas, reducidas a una empobrecida condición de ciudadanos. Como decía Hegel: «Sólo en el Estado tiene el hombre existencia racional… El hombre debe cuanto es al Estado y sólo en este posee su esencia. Todo el valor que el hombre tiene, toda su realidad espiritual, los tiene mediante el Estado... Podría decirse que el Estado es el fin, y los ciudadanos son sus medios».

Entonces la persona será masa moldeable y manipulable. Quizá así pueda entenderse el afán de frivolizar y arruinar la interioridad de la familia a manos de unas u otras ideologías: si lo que interesa es poder disponer del individuo, saquémoslo del lugar sagrado, convirtamos lo privado e íntimo en público. El hombre, entonces, se sentirá desarraigado y sin vínculos, a merced de los vientos de mercaderes e iluminados. A todo manipulador le estorba la familia.

57 bis

El derecho y la responsabilidad de los padres acerca de sus hijos

ACERCA DEL ARTÍCULO «IMPORTANCIA social de la educación familiar» he recibido algunos comentarios (amables) relativos al supuesto «derecho de los padres a tener hijos» que me obligan a precisar el sentido de mis palabras. Agradezco mucho las observaciones, que me permiten apurar mejor lo que intento decir.

Las frases de la «discordia (amable, insisto) son estas: «Los padres tienen derecho a tener hijos, a decidir el número y el momento de tenerlos, así como el tipo de educación que habrán de darles. Pero, una vez concebidos, son los hijos los que tienen derecho a tener padres en un clima afectivo estable que garantice su pleno desarrollo personal».

Los comentarios que amablemente se han hecho al respecto me obligan a matizar lo que mi texto dice. Fuera de este contexto, estoy de acuerdo en que no se tiene derecho a tener hijos. Y así, en los procesos de adopción singularmente, suele decirse que «no es que los padres tengan derecho al hijo sino que es el hijo el que tiene derecho a tener unos padres», o afirmaciones muy similares. Tener un derecho es poseer una facultad que obliga a todos los demás, incluso mediante el uso de la fuerza coactiva del Estado. Bueno, no es el caso.

Lo que quería decir es que nadie puede arrogarse un derecho a decidir –usurpando el lugar de los padres– el número de hijos (por ejemplo obligando al «hijo único», como se hacía en China, o restringiendo la natalidad de manera violenta mediante la práctica y el fomento del aborto, que tampoco es un derecho, como se hace en tantos países por parte de organismos internacionales y gobiernos); lo mismo que a decidir el número y el momento de los hijos, o el tipo de educación que deben obligatoriamente recibir.

La «capacidad, facultad y responsabilidad» de engendrar y educar a los hijos es de los padres, no del Estado o de otras instancias. Y a lo que apuntaba en mi argumentación era, precisamente, a la importancia de tal responsabilidad, señalando el derecho de los hijos a tener unos padres que cuiden de ellos y les eduquen en un clima estable de afecto y acogida.

Los padres sí tienen el derecho de reclamar el protagonismo en la tarea que les es propia (procrear, educar…), frente a instancias totalitarias. En la línea de lo que defendía en el anterior artículo («El Gran Hermano educador») el Estado tiende a presentarse –en España, sin ir más lejos– como suprema autoridad ética y educativa, y a reducir a los padres a meros usuarios del sistema, como si la familia fuera una pieza o herramienta secundaria de la sociedad.

Por tener este deber y esta responsabilidad como educadores primeros, y por ser la familia tan esencial para la educación, los padres tienen derecho a decidir en favor del desarrollo personal de sus hijos el tipo de educación que consideren oportuno, y a ser ayudados subsidiariamente por otras instancias, como el Estado, entre otras.

58

Lo urgente y lo esencial en la educación

Dicen los expertos de la evaluación PISA, y lo repiten los redactores de nuestras últimas leyes orgánicas sobre educación, que urge propiciar el acceso de los jóvenes al mundo del trabajo y convertirles en agentes eficientes del sistema productivo.

Sí, eso es *urgente*. Pero lo *importante* es que no pierdan de vista el verdadero valor de las cosas y de las personas. Es *necesario* que nuestros jóvenes se conviertan en óptimos trabajadores, pero es *imprescindible* que nunca se olviden de para qué trabajan. *Apremia* que se desenvuelvan con éxito en una sociedad vertiginosamente cambiante. Pero *antes y por encima* de esto tienen que saber cuándo un cambio es a mejor o a peor..., o a nada.

La receta tantas veces cacareada por algunos repite que es preciso destinar más recursos para que mejore la educación. Pero de vez en cuando nos golpean en el alma noticias referentes a episodios de violencia juvenil, de *bulling,* acoso y maltrato, de suicidios protagonizados por escolares ante situaciones que se sienten incapaces de afrontar. La mediocridad y la comodidad se han convertido en el estilo de vida social y pedagógico dominante (por no hablar del nivel de muchos políticos...). Esforzarse no está de moda. La inmediatez y el emotivismo lo inundan todo. Algo importante falta en un escenario educativo moralmente empobrecido.

Al igual que experimentamos que a este complejo mundo le aqueja el fantasma recurrente de la crisis en múltiples formas, no debemos olvidar que su origen se encuentra en la generalización de estilos de vida y de decisiones dominadas por la falta de escrúpulos éticos. Y también por el desconocimiento y el desprecio de la dignidad de las personas, sometidas en el ámbito legal y en la práctica al imperio de los más fuertes y poderosos, al relativismo intelectual y moral generalizados. La corrupción no es privilegio exclusivo de los políticos; es cosa bastante repartida.

Por otra parte, se aprecia una evolución en nuestro sistema educativo hacia una menor exigencia y una perversa concepción de la igualdad, consistente no ya en la *igualdad de oportunidades* para acceder a una educación de calidad sino en que «todos sepan fundamentalmente lo mismo». La excelencia como aspiración en la vida y en la tarea educativa se mira con sospecha.

Pero si nadie tiene que aspirar a ser lo mejor que pueda ser, si no debemos exigir a nuestros hijos o a nuestros alumnos que aspiren a la excelencia, si hemos de procurar que «nadie destaque», en la práctica sólo será posible que todos sepan lo mismo si todos saben tanto como el que menos. La consecuencia es un *igualitarismo a la baja*. No debe extrañarnos si los niveles son cada vez más bajos.

Y, así, bajo el pretexto de que la educación no contribuya a perpetuar la desigualdad social, la ordenación del sistema educativo provoca necesariamente aquella mediocridad cultural y moral generalizada de la que hablábamos y, en el fondo, una difundida falta de sentido. No es cuestión de recursos económicos.

Para dar respuesta adecuada a todo esto, nuestros niños y jóvenes necesitan sobre todo maestros de vida que sepan qué es realmente importante en la existencia y lo susciten. Padres y profesores tenemos ese primer deber y esa misión. El utilitarismo, obsesionado por lo urgente, es en el fondo ciego ante lo esencial.

59

El crepúsculo de la verdad

Se ha instalado entre nosotros, incluso (¿o sobre todo?) entre el profesorado, una suerte de relativismo vergonzante y romo que incita no al clásico *Sapere aude* («Atrévete a saber») sino al ramplón «Nadie tiene la verdad».

Decía George Steiner en su libro *Lecciones de los maestros* que los profesores han quebrantado su «juramento hipocrático» de buscar la verdad, de ofrecer honestidad en sus juicios arriesgándose a la impopularidad, según pide su vocación. Porque el primer servicio de un maestro debería ser el servicio a la verdad. Evidentemente, no todos los profesores están en el caso, pero haberlos… haylos. Me temo que demasiados.

Añade Steiner que muchos «oráculos de opinión» que se nos imponen desde los medios de comunicación, y muchos responsables de la educación (obedientes sumisos a aquellos oráculos), se dedican a rebajar a su audiencia y a sus alumnos a su nivel de mediocridad.

Es un hecho que nos vemos expuestos a sedicentes gurús y pretendidos maestros que, más que servir a la verdad, pretenden seducir, generar adeptos para otras causas o para su propio ego. Por eso niegan la posibilidad de la verdad, o la ocultan bajo los mil requiebros de las emociones, de la ocurrencia demagógica o de la transgresión fácil. En este terreno, la falsa educación sexual prolifera, amparada por mentes huecas encaramadas al poder.

Y es que la verdad (la realidad) *ob-liga*. Sí, la verdad nos hace libres, pero ata; como nos atan las leyes de la gravitación o los principios que rigen la vida. Porque no es lo mismo ser libres que andar sueltos.

Es preciso formar, seleccionar y respaldar a maestros que estén comprometidos con la verdad de las cosas y del ser humano. Que enseñen a leer en la realidad, en los libros, en los acontecimientos…, a pensar por uno mismo. Como afirmaba Julián Marías, no es concebible que se dé tanta importancia a quien escribe un libro (incluso si el libro merece la pena), y pase tan desapercibido el maestro que enseña a leerlo.

Enseñar a leer y a pensar, sean cuales sean el soporte y la situación, no es convertir al lector en un consumidor de lecturas, noticias y modas, sino en un creador de reflexiones dotadas de criterio. El conocimiento o se integra en una constelación de significado o es un saber insignificante. Ese es el papel del maestro: aportar referentes para juzgar acerca de lo que vale y de lo que no; ayudar a configurar claves de discernimiento de las informaciones, a distinguir los datos de las opiniones, lo esencial de lo secundario, el pensamiento del «sensamiento», la apariencia de la realidad.

La vida se banaliza en el momento en que desaparece la frontera entre lo sustantivo y lo adjetivo, entre lo valioso y lo trivial. Como consecuencia de esa banalización, en nuestra escuela actual se ha extendido una modalidad del síndrome de Diógenes, ese amontonar cacharros y basuras en casa sin ton ni son. Al estudiante se le exige que sepa casi nada de casi todo (cultura del *zapping* y del TikTok). La superficialidad se ha hecho vocación.

Quizás alguien pensó que mostrando la casi infinita multiplicidad de opiniones y tendencias hoy a la moda los alumnos sabrán elegir. Pero esta es la mejor forma de mover al escepticismo y a la nada.

60

Educar en la reflexión, buscando la verdad (1)

UNA EDUCACIÓN INTEGRAL, PERSONALIZADORA, ha de aspirar a que el educando aprenda a pensar, a decidir y actuar por sí mismo tomando como referencia el bien y la verdad acerca de las cosas, las personas y los acontecimientos. Dedicaremos durante algún tiempo nuestra atención al primero de los aspectos: aprender a pensar, a reflexionar de manera habitual y atinada.

Todo buen educador –profesor o padre– sabe que un aspecto fundamental de su tarea es fomentar la reflexión en el alumno o en el hijo, porque sólo con ella puede este descubrir y apreciar la verdad y el bien que habrán de orientarle en su desarrollo personal.

Si no hay reflexión y criterio propio, no habrá libertad responsable. Estamos hablando también de la formación de la conciencia moral en el niño y en el joven. La reflexión marca el rumbo: una persona sin rumbo es una persona perdida.

Un educador, obviamente, tiene que enseñar en primer lugar a *aprender*. Para ello deberá utilizar recursos emocionales y estrategias adecuadas que animen al esfuerzo que implica normalmente todo aprendizaje. Como decía Aristóteles, el arte de educar consiste en *hacer atractivo* el bien; pero esto sólo es el medio, porque el fin aspira a hacer que el educando piense, reflexione, comprenda por sí mismo, y que, de acuerdo con ello, vaya orientado su comportamiento hacia lo que es valioso.

Aprender es en el fondo, con la ayuda y guía del educador, *adquirir criterios y formas de estar y actuar en la realidad* que permitan al ser humano –al niño en primer término– comprenderla y situarse en ella, y también comprenderse a sí mismo y descubrir cuál es su lugar y su papel en el mundo.

Y, sin duda, habrá de empezar por lo más próximo, sobre todo en los primeros años, pero también es tarea del educador *hacer próximo* lo valioso, mostrando hasta qué punto puede ser fascinante la aventura de conocer los misterios del mundo. De ahí se seguirán situaciones que será preciso afrontar de manera adecuada, tanto a partir de la experiencia propia como de los conocimientos aportados por los educadores, quienes ya pasaron por aquellas.

El deseo de saber es el que impulsa todo aprendizaje, ya que todo ser humano tiende por naturaleza a saber. Y desear saber lo que son las cosas y cuál es su valor es buscar los porqués, los paraqués: y esto nos pone en el camino de ir descubriendo la verdad, el bien y la belleza. He aquí un dinamismo natural que el educador ha de orientar y graduar oportunamente, haciéndolo asequible y gustoso.

Pero orientar el pensamiento en una dirección adecuada –eso es reflexionar– no es sólo cuestión de la inteligencia. Requiere cierta disciplina, un orden, y aquí entran también el querer, la voluntad, y el afecto, la motivación. Hay que tener en cuenta también el bombardeo de estímulos ambientales y saber que es preciso combatir la pereza que se experimenta al afrontar tareas costosas.

Por eso el educador necesita tener claro hacia dónde quiere ir: que el educando aprenda poco a poco a pensar por sí mismo, de forma que sus criterios de juicio, sus actitudes y sus decisiones sean realistas, positivas y valiosas. Nos hallamos, indudablemente, ante uno de los aspectos más importantes de la labor educativa.

61

«El que no vive como piensa...». Educar en la reflexión (2)

Lo MÁS TEMPRANAMENTE POSIBLE, los padres tienen que encontrar el tiempo y el momento adecuado de hablar y actuar con sus hijos para fomentar la capacidad de aprender a distinguir el bien del mal, lo justo de lo injusto, a reconocer lo auténticamente valioso en la vida y a distinguirlo de lo que no lo es aunque aparente serlo; que reconozcan la importancia de hacer el bien y evitar el mal, aunque sea con esfuerzo.

El aprendizaje en el ejercicio de la reflexión se refiere, por un lado, a cuestiones teóricas: comprender lo que son las cosas, su valor y su sentido, tener ideas claras.

Pero también tiene que ver con cuestiones prácticas: saber cómo tratar bien a las personas, cómo funcionan las cosas y cómo utilizarlas, resolver problemas que sobrevienen en nuestra vida, saber acerca de uno mismo para conocerse y aspirar a una vida lograda y plena. Es esencial el comportamiento, lo que uno hace en relación con las personas, con las cosas y consigo mismo: aprender a tratar bien, a resolver problemas de todo tipo, a perdonar, a rezar, a forjarse un carácter... Se aprende a pensar actuando y reflexionando acerca de lo hecho. Sólo quienes viven de forma virtuosa pueden comprender de verdad el valor e importancia de la virtud, y además sólo de ellos puede aprenderse.

Porque se puede conocer la verdad acerca del valor de una acción y no ser a la vez consecuente con él. El ejemplo es más elocuente que las palabras. Una persona, por ejemplo, puede tener muy claro que no debe ser desleal, pero quizás murmura de sus amigos ante otras personas; o que no se debe mentir, pero...

Recuerdo haber presenciado hace unos años la siguiente escena en casa de unos conocidos. En la sobremesa –que sin duda es un buen momento para hablar de todo y dejar caer criterios y observaciones interesantes, y también para escuchar a los demás–, el padre les decía a los hijos pequeños qué importante era no mentir nunca y decir siempre la verdad. Con énfasis y de manera bastante convincente, todo hay que decirlo. Los niños no pestañeaban. Pero en ese momento alguien llamó al teléfono –aún se usaban los teléfonos fijos, creo– y uno de los pequeños fue a atender la llamada. Cuando volvía para trasladar de quién se trataba, el padre, en voz semibaja y con cara de cierta ansiedad, susurró: «¡Dile que no estoy, dile que no estoy...!». ¿Lección aprendida?: Que se puede mentir cuando interesa.

Puede parecer, como ya decía el bueno de Sócrates –demasiado bueno quizás, a este propósito–, que basta con conocer el bien para ser virtuoso. De hecho, algunas teorías educativas se limitan a la «clarificación» emocional y de valores. Pero Aristóteles recuerda que, entre las ideas por un lado, por muy claras que estén en teoría, y los hechos por otro, hay dos obstáculos que salvar: la debilidad –«No puedo, cuesta mucho...»– y la libertad –«Uff, pero... es que no me interesa ahora». Y concluye: «Lo importante no es saber lo que es bueno, sino ser bueno». A obrar el bien (y a conocerlo) se aprende obrando el bien.

Para conocer la verdad –«de verdad»– es preciso que la vida se ajuste a ella. Porque –y esto muy a menudo se olvida– quien no vive como piensa... acaba pensando como vive.

62

¿Pero no ves que no queremos pensar?
Educar en la reflexión (3)

CUANDO UN EDUCADOR, TANTO SI se trata de los padres como de los maestros, se propone enseñar a pensar a un niño o a un joven, tiene que asumir que, por desgracia, pensar no está de moda. Para muchos es preferible seguir a la mayoría, tragarse eslóganes sin ningún espíritu crítico o, simplemente, inclinarse por lo que más apetece.

Hace algunos años, durante una sesión de clase en 4.º de ESO, desarrollando la asignatura de Ética, intentaba despertar el interés de mis alumnos planteándoles algunas preguntas acerca del sentido de la vida. Recuerdo que intentaba hacerlo de manera un tanto apasionada. En esto, uno de los chicos levantó la mano desde el fondo del aula, de manera algo indolente:

—No te esfuerces… ¿no ves que *no queremos pensar*?

Reconozco que me bloqueé un poco. Afortunadamente, otra voz, de una de sus compañeras, vino en mi ayuda:

—Oye. Habla por ti.

La cosa se ponía interesante… Agradecí la valiente réplica, pero decidí cortar por lo sano:

—Pues, lo siento, pero pensar no es opcional. Si se renuncia a pensar, se renuncia a ser libre. Ahora bien, conviene hacerlo correctamente, y eso no se improvisa. Además, esto luego repercute en el examen…

—Ah. Pero esto… ¿entra en el examen? —repuso el joven interlocutor.

—Pues sí. Es que *lo que no se evalúa se devalúa*.

El buen mozo, entonces, se incorporó raudamente en su silla y, de modo un tanto maquinal, todo hay que decirlo, cogió el bolígrafo como para tomar notas, cosa que no había hecho hasta el momento.

Pensar, reflexionar, cuesta, no vamos a negarlo. Pero si pretendemos educar no podemos renunciar a enseñar a pensar con rigor. De ningún modo basta con «sentir» o «reaccionar» ante los estímulos que llegan del exterior, depender de los propios estados de ánimo o de instancias controladoras que actúan sobre nosotros, como ocurre, por ejemplo, con la publicidad o con muchas series y películas.

Se trata precisamente de enseñar a niños y jóvenes a pensar por sí mismos, con suficiente rigor, con criterios consistentes. Si uno no piensa, si no decide y no actúa por uno mismo, acaba ocurriendo que serán otros lo que piensen, decidan y actúen en lugar de uno. Pero pensar —insistimos— es mucho más que *sentir* u *opinar*. Requiere rigor, método y esfuerzo por dar con la verdad y atenerse a ella.

Si sabemos lo que las cosas son, cuáles son sus causas y sus consecuencias, podremos atenernos a ellas. No es lo mismo, por ejemplo, que un alimento esté intoxicado o que sea perfectamente sano, que tal persona en la que confío me sea leal o no. De lo que sabemos depende nuestro modo de vivir en todos los órdenes, no sólo en el teórico, porque la verdad es también fuente de sentido y de orientación para la vida.

A pesar del relativismo y de la superficialidad que a menudo nos rodean, todos aspiramos a conocer la verdad, aunque no siempre la alcancemos, estemos dispuestos a aceptarla y seguirla, o que sea costoso buscarla con el tesón suficiente. No podemos vivir sin la verdad. Y así lo confirma el hecho de que, como decía san Agustín, «a veces nos gusta engañar, pero a ninguno nos gusta ser engañados».

63

Ahogados en la superficie: educar en la reflexión (4)

EDUCAR EN LA REFLEXIÓN SE HACE absolutamente esencial y urgente en circunstancias como las nuestras, en las que todo alrededor arrastra a muchos niños y jóvenes desde los primeros años a vivir fuera de sí, enganchados a los dispositivos, dispersos, atolondrados, presos de frustraciones que son incapaces de asumir y superar.

Televisión, internet y redes sociales, series, videojuegos, publicidad, consumismo... influyen seguramente más que todos los colegios y universidades juntos, remolcan sin oposición alguna hacia la superficialidad a muchos niños y jóvenes, ante la pasividad de muchas familias o de lo que queda de ellas. Vivimos en gran medida de impresiones, sensaciones, impulsos emocionales. Y por eso la inestabilidad y la superficialidad caracterizan a menudo nuestras vidas. Detrás de la superficialidad viene la frivolidad, y a continuación la debilidad del carácter, la blandura de la voluntad, la vanidad, la inconstancia, la incapacitación para el compromiso y el esfuerzo mantenido, el empobrecimiento vital. Niños, jóvenes y adultos acaban *ahogados en la superficie* por no pararse a reflexionar.

Ser reflexivo es profundizar en el ser de las cosas, en su valor y en su sentido. Es conocerse y conocer a los demás, observar, escuchar, aconsejar y dejarse aconsejar. Es respetar a las personas pero ser crítico con sus opiniones, porque ni todo es opinable ni todas las opiniones son igualmente valiosas.

Por eso es preciso buscar, más allá de las apariencias, las verdaderas causas de los acontecimientos, ponderar su contenido y su alcance, valorar sus consecuencias, asentar nuestras propias decisiones y elecciones en la deliberación y en la prudencia.

Un experto en comunicación enseñaba a sus alumnos de periodismo: «Noticia es aquello que nos hace exclamar: ¡Atiza!». Y, así, recibimos mensajes contundentes pero sin consistencia, calificativos manipuladores, eslóganes persuasivos, imágenes seductoras, *fake news*... A menudo, ni siquiera se atienen a la realidad y se cae en la manipulación más grosera. Pero no da tiempo a pensar. Se introducen ritmos frenéticos al informar, al narrar, al opinar; hay que cambiar enseguida, entretener para no aburrir y que no se nos vaya la audiencia a otro canal o aplicación.

De ese modo, palabras, noticias, encuestas, imágenes impactantes golpean nuestra mente y nuestros sentidos con un ritmo trepidante. Los medios de comunicación bombardean y aturden la percepción de las audiencias con titulares sensacionalistas, hechos morbosos, juicios precipitados y provocadores.

Sin embargo, no es bueno dejarse llevar de la verborrea de imágenes y palabras que bombardean las conciencias sin dejar tiempo para pararse a reflexionar, para separar el grano de la paja, la apariencia de la realidad.

Superficialidad e inestabilidad empobrecen al ser humano. Atrofian la vida racional e inducen a comportarse como un animal que se mueve sólo por apetitos y reflejos sensoriales. Devastan nuestra vida si carecemos de formación y del hábito de la

reflexión, que aporta prudencia y equilibrio a nuestros comportamientos.

Una persona superficial no profundiza porque no reflexio-
na. No discierne entre opiniones, se deja llevar por simpatías y
antipatías, o por intereses. En la mayoría de los casos se plagia o
se imita lo que se lleva, esa moda que goza de un éxito aparente
y llamativo. El superficial olvida que la moda es lo primero en
pasar de moda y que los triunfos arrolladores son los que antes
se desvanecen. Es una vieja historia. La intrascendencia es poco
original.

64

Concretando: cómo cultivar la reflexión (5)

TODO VALOR HUMANO PUEDE y debe traducirse en actitudes y en hábitos en los que dicho valor se hace más concreto y visible, tangible incluso; tales disposiciones sirven, además, de patrón para la intervención del educador, y asimismo son básicos en la formación del carácter.

Estas actitudes y hábitos deben fomentarse a través de actividades, modelos y pautas de comportamiento orientadas congruentemente en la misma dirección.

Concretando: ¿cómo podemos fomentar, así pues, los educadores la reflexión en nuestros hijos y en nuestros alumnos? ¿Qué modos de actuar conviene fomentar? Veamos algunas pautas dirigidas a consolidar hábitos de reflexión mediante ciertas acciones y actitudes:

- No actuar de manera reactiva o impulsiva, en función de los estímulos de agrado y desagrado que se reciben, sino parándose a pensar antes de actuar, valorando qué es lo más conveniente y oportuno, apreciando el valor de lo que se va a hacer, la intención con la que se va a realizar y sus posibles consecuencias.

- En todo lo que se hace, se conoce o se emprende, dar la máxima importancia a buscar lo que merece más la pena: valores como la verdad y el bien, captar y suscitar la belleza.

- Aprender a distinguir la diferencia entre el valor aparente y engañoso de ciertas acciones, a pesar de que sean agradables o fáciles de realizar, y el valor auténtico de otras más costosas.

- Percatarse del valor que a corto y largo plazo pueden tener pequeños gestos, acciones, detalles o comportamientos. Tener con los demás detalles sencillos de delicadeza, gratitud, respeto, amabilidad… Caer en la cuenta de que cosas en apariencia tan pequeñas hacen la vida más amable y agradable a las demás personas.

- Es muy importante reflexionar de manera habitual acerca de lo ya realizado, para sacar lecciones de cara al futuro; valorando la intención con la que se obró, la rectitud y el contenido de lo hecho, el logro de los posibles objetivos, el esmero en la ejecución, la repercusión que ha tenido en otras personas, las consecuencias que se han seguido… De esta reflexión –de la propia experiencia, en suma– se nutre el aprendizaje con vistas a actuaciones futuras. Por eso es bueno no darlo todo hecho a los niños. A veces conviene dejar que se equivoquen y ayudarles después a reflexionar sobre ello.

- Coraje para asumir con sencillez y lealtad las consecuencias desagradables de las propias decisiones.

- Defender las propias opiniones y convicciones con argumentos y razonamientos adecuados, de forma respetuosa hacia las personas, y estar dispuestos a cambiarlas si se comprueba que está equivocadas.

- Tomar decisiones sin dejarse llevar sólo por el propio interés, por la comodidad o por gregarismo, por el deseo inmediato de satisfacción o el estado de ánimo, sino juzgando y determinándose con sentido del deber, respetando a las personas y buscando el bien para los demás a la vez que para uno mismo.

- Adquirir sentido crítico ante los mensajes consumistas que de manera seductora suelen presentar la publicidad y los medios de comunicación.

Conviene recordar que no basta con «decir lo que hay que hacer y cómo», sino actuar, nosotros mismos, los educadores, de acuerdo con estos criterios... y con alegría. El educador, decía F. W. Foerster, sólo puede esperar de la índole de sus educados lo que él mismo se esfuerza por conquistar en lucha consigo mismo.

65

Educación e igualdad

La llamada «igualdad de oportunidades», según la versión propugnada por las leyes educativas españolas, ofrece una seria ambigüedad. No se refiere a la legítima aspiración de que los menos favorecidos económicamente puedan acceder a una preparación de elevada cualificación gracias a sus méritos reales, y permitir así una movilidad social más justa. No. De modo muy diferente, se interpreta como el derecho de acceder *indiscriminadamente* a los estudios elementales, secundarios e incluso superiores, con independencia no sólo del estatus económico sino también de las condiciones personales de capacidad y mérito.

Se hablaba hace tiempo en educación de una forma de masificación *cuantitativa*, consistente en una falta de atención individualizada, en la carencia de instalaciones y de profesorado capacitado en número suficiente. Pero también cabe hablar de una forma de masificación *cualitativa,* consistente en que una sola persona o un grupo pequeño puede pensar y actuar *de forma masificada,* como alguien que no piensa, no decide y no actúa por sí mismo, sino que se deja llevar por el ambiente, por la opinión más difundida, por los dictados del gobernante, por la mayoría, por estímulos de agrado o desagrado, o simplemente por la comodidad. Es un modo de actuar reactivo que rehúye el esfuerzo, la creatividad, la responsabilidad y, por supuesto, la excelencia.

Una educación guiada por la demagogia –y no por el cultivo de la excelencia personal según las capacidades de cada uno– tiende a poner su horizonte en la *igualdad*. He aquí la palabra talismán del sistema educativo actual. La justificación que se esgrime en favor de la igualdad es que el sistema educativo no debe consolidar las diferencias socioeconómicas entre las distintas clases sociales convirtiéndolas en diferencias socioculturales. Y por eso todos los ciudadanos han de recibir –«inclusivamente», se dice– la misma educación.

Pero esta «igualdad» no se refiere propiamente ya a las oportunidades para acceder a una educación de acuerdo con el esfuerzo, los méritos y las capacidades personales; sino que se refiere a los resultados, soslayando el esfuerzo y el mérito moral e intelectual de cada uno. Y, así, como el sistema educativo ha de propiciar la igualdad entre los ciudadanos, intenta tratar a todos por igual, porque todos somos *igualmente «ciudadanos»*, en el fondo piezas funcionalmente equiparables del sistema social, que es el que de verdad importa.

En definitiva, se pretende que no haya segregación ni diferencias de educación entre los ciudadanos, sino que todos sepan lo mismo. Pero, claro, todos sabrán lo mismo cuando todos sepan tanto como el que menos. Es lo que algunos llaman *igualitarismo a la baja*.

Este igualitarismo es fruto, en realidad, no de una actuación genuinamente educativa sino de un proceso de control y manipulación que favorece la existencia de individuos similares: un «ciudadano estándar», masificado, un prototipo de hombre (o mujer) medio (o mediocre), que no destaca de los demás por su capacidad para pensar, decidir y actuar por sí mismo de acuerdo con principios racional y moralmente fundados, sino un consumidor nato, ambicioso pero sentimental y manipulable, el cual, debido a que recibe básicamente la misma instrucción que sus semejantes, adquiere la misma *forma mentis* y no destaca moralmente de ellos (todos «saben» tanto como el que menos).

Para qué vamos a engañarnos: no es casualidad, de esta guisa, que el sistema educativo español haya venido a situarse en el furgón de cola de los países desarrollados.

66

El igualitarismo es una gran mentira

El igualitarismo es una gran mentira. Y más en educación. Mientras que la igualdad de oportunidades es una loable meta social, el igualitarismo es una de sus deformaciones más peligrosas. Es una igualdad impuesta. Aristóteles decía con mucha razón que «la peor forma de desigualdad es querer hacer iguales a los que son desiguales» (*Ética a Nicómaco*, libro V, capítulo III).

La justicia no consiste en tratar igual, o en dar/exigir lo mismo a todos, sino en tratar, dar/exigir a cada uno lo suyo, lo que le corresponde bien por naturaleza y capacidad, bien por mérito. Por ejemplo –y ya sé que con esto concitaré alguna crítica airada–, no se debe tratar igual a un ser humano y a un gato; y tampoco a un ciudadano honrado y a un malhechor.

Todos los ciudadanos son (deben ser) iguales ante la ley, pero la ley no es una norma mostrenca que aplica a todos un ciego y uniforme promedio matemático –el llamado coloquialmente «café con leche para todos»– sino una ordenación racional que mira hacia el bien común de la sociedad, es decir, hacia el bien de las personas, las cuales son seres dotados de dignidad, únicos, con historias y biografías irrepetibles. Tal bien exige solidaridad, sin duda, pero sin agraviar la dignidad y singularidad de cada ser humano, sus derechos, sus méritos, y sus necesidades personales.

Aristóteles hablaba de «equidad» para referirse a la justa adaptación de la ley a las necesidades y condiciones de los ciudadanos. Ni a todos se les debe exigir lo mismo ni a todos hay que atenderlos de la misma manera. Una rígida aplicación de la ley siempre conlleva injusticias porque no atiende a la realidad de los casos personales concretos.

Y, así, una educación personalizada y equitativa requiere la atención ajustada a las necesidades y a la situación de cada alumno y cada alumna. En lugar de obligar al alumno a adecuarse a un modelo educativo único, es preciso adaptar la atención educativa a la realidad concreta del alumnado con el fin de lograr su máximo desarrollo educativo. Y esto no es ni discriminación ni segregación inicua. Es la necesaria concreción de la justicia.

La auténtica igualdad de oportunidades depende de una atención personalizada a las necesidades y expectativas del alumnado que le permita acceder del modo más adecuado a los objetivos generales, pero desarrollando sus posibilidades reales y no otras, supuestamente generales, que sin embargo no son las suyas. Y, en consecuencia, acudir a caminos educativos diferenciados, adecuados a las posibilidades reales de los alumnos, les hace posible desarrollar capacidades que de otro modo permanecerían estancadas. Necesidades educativas específicas requieren medidas educativas específicas.

Imponer un modelo educativo único a todos los alumnos, lejos de propiciar la equidad, impide una adecuada atención a las necesidades educativas reales de los alumnos.

Se crean, así, situaciones en las que resultan perjudicados los alumnos, pero también el profesorado, que se ve desbordado por la heterogeneidad de capacidades, intereses, rendimientos y actitudes del alumnado, al que ha de atender en el mismo escenario educativo. Por otra parte, para colmo, las autoridades educativas pretenden garantizar la atención pedagógica imponiendo a los educadores una abrupta selva de exigencias burocráticas, procedimientos, indicadores y medidas que, sin ofrecer una adecuada atención personal, incrementan el malestar e incluso el agotamiento de los docentes entorpeciendo aún más su ya difícil labor.

67

Reflexión frente a la manipulación

En un contexto de manipulación mediante políticas educativas ideológicamente sesgadas se hace indispensable el cultivo de la reflexión en niños y jóvenes. Un comportamiento digno del ser humano es aquel en el que ha habido *deliberación y elección*; es decir, aquel del que uno es responsable porque, tras valorarlo, ha decidido llevarlo a cabo.

Una persona madura y equilibrada es aquella que, entre otras cosas, piensa, decide y actúa por sí misma. No siempre lo que «nos hace sentirnos bien» es bueno realmente sino sólo en apariencia… y a menudo las apariencias engañan. Conviene ser consciente de los estímulos que provocan en nosotros determinados comportamientos y reacciones, a veces de modo irreflexivo. Y de que quien maneje dichos estímulos puede manipularnos.

La sociedad ejerce una «presión» sobre la conducta individual mediante normas, usos, costumbres y sanciones de muchos tipos. Esa presión se ejerce habitualmente a través de elementos externos de carácter persuasivo –televisión, radio, redes sociales, publicidad, leyes, películas, series, personajes famosillos…– que influyen en la manera de pensar y sentir de la gente y acaban configurando criterios y costumbres, modificando y estableciendo valores, creencias o estilos de vida.

Pero ocurre que los «valores sociológicos», las vigencias imperantes en un momento dado, no son siempre auténticos «valores morales» que respetan y favorecen la dignidad de las personas. Por ejemplo, el éxito social y el poder adquisitivo son hoy valores sociológicos indiscutibles, pero no constituyen valores morales auténticos si a cambio exigen falta de honestidad, codicia, violencia, envidia, vanidad, etc. O ciertas prácticas y programas escolares que se hacen pasar como «educación afectivo-sexual» pero que encierran un auténtico envilecimiento.

Por consiguiente, es muy importante que al decidir o elegir no lo hagamos «porque me gusta o no me gusta», «tengo ganas o no», «me apetece o no me apetece», «lo hacen o no lo hacen los demás»…, sino porque poseemos datos veraces acerca del asunto, juzgamos según criterios consistentes y valores que dignifican al ser humano, prevemos las consecuencias que se van a seguir y tomamos la decisión que consideramos mejor para todos.

Una educación personalizadora exige el cultivo de la reflexión, una menor dependencia emocional ante influencias persuasivas y una lectura inteligente y ponderada de estas. En un juicio de valor es necesario considerar racionalmente: 1.º El contenido de las acciones, afirmaciones, eslóganes, etc.: si es o no correcto y justo, si está o no a la altura de la dignidad de las personas; 2.º La finalidad o intención que lo sustenta; y 3.º Las circunstancias que conlleva –repercusiones, connotaciones, medios de los que se sirve, etc.–. Es decir, se trata de que pensemos, juzguemos y decidamos reflexionando, y no simplemente «sintiendo», «deseando», «imaginando», dejándonos llevar perezosamente…

Si a nuestras decisiones no las ilumina una valoración inteligente, desencadenarán mecanismos e impulsos afectivos no controlados –de deseo o de agresividad sobre todo–, a los que seguirá un tipo de conducta masificada, dependiente, pobre e irresponsable. Serán reacciones emocionales, ganas, simpatías, antipatías…, no elecciones reales, bien pensadas y elegidas.

En realidad, en las simples reacciones no hay libertad sino esclavitud, dependencia: nos arrastran. Son *seducidas* y provocadas reactivamente por estímulos desencadenantes. Y una conciencia que decide habitualmente sólo según sus emociones y reacciones es fácilmente manipulable.

68

La educación y la «voluntad general»

Desde 1985, el progresismo ideológico y pedagógico ha propugnado en España la idea de la educación como «servicio público», entendiendo por ello que es solo responsabilidad del Estado. Y, asimismo, que el *derecho a la educación* del que habla la Constitución (art. 27.5) se reduce al derecho a un puesto escolar público; es decir, en las escuelas estatales y en el marco del sistema educativo (estatal). Dicho en román paladino: estudiar en «lo público», que sería lo que establecen y controlan los gobernantes. La igualdad, que se ha convertido en principio inspirador fundamental de la educación, se reduce en la práctica (y en la intención del gobernante) a que todos los alumnos vayan a la escuela estatal y que todos se amolden a la ordenación del sistema educativo.

En el fondo rige aquí la ficción roussoniana de una «voluntad general» que se identifica en concreto con la voluntad de quienes ejercen el gobierno; eso sí, en nombre de todo el pueblo (o ciudadanía). Todo lo demás –lo que deseen o propugnen los ciudadanos por sí mismos– se calificado peyorativamente de «privado» y, por lo tanto, «contrario a lo público». Como si las decisiones de los gobernantes no fueran tan «privadas» como las de cualquier otro ciudadano. Y prueba de ello son las luchas políticas entre unos y otros para hacerse con el control de los llamados «poderes públicos», con el fin de hacer prevalecer su respectiva voluntad... particular.

Rousseau definía la ley precisamente como «la expresión de la voluntad general». Hemos hablado antes de «ficción», pero quizá sea más adecuado decir «falacia». Porque, según este invento, la ley siempre es justa, diga lo que diga, ya que la justicia es lo establecido por la propia ley. Y, obviamente, no es menos falaz llamar a esto democracia.

En este contexto, el modelo de escuela establecido en España es el que responde a las características de *única, pública* (entiéndase, como se ha dicho, de iniciativa estatal), *laica y feminista*. Y esto, lo diga o no la Constitución, porque «lo constitucional» se reduce a lo que refrende el alto Tribunal, controlado a su vez por los gobernantes.

El derecho de los padres a elegir el tipo de educación que deseen para sus hijos («para que sus hijos reciban la formación religiosa y moral que esté de acuerdo con sus propias convicciones», como se dice en la *Constitución Española,* art. 27.3), lo mismo que la creación de centros docentes *(ídem,* art. 27.6), no incluye necesariamente que esos derechos se vean garantizados mediante la asignación de fondos públicos. Todo queda a lo que determine la particular «voluntad general» del mandatario.

La presencia de instituciones educativas no estatales sería *permitida* sólo por insuficiencia de la capacidad de respuesta estatal, más bien como una especie de «subsidiariedad al revés», según determina el preámbulo de la LODE (1985). Pero no se tolerará si tales instituciones no se amoldan al modelo «único, público, laico y feminista», porque en lugar de ser «igualitarias» e «inclusivas», las escuelas de iniciativa no estatal «segregan» y «discriminan», se dice. Como si no segregaran, por ejemplo, los colegios que siguen un determinado modelo lingüístico (vascuence, gallego, catalán, inglés o el que sea).

Pero, ya se sabe, según Rousseau, las leyes siempre son justas *porque lo dicen las leyes.* Y, así, al totalitarismo educativo ejercido por el Estado –en realidad, por la particular voluntad del gobernante– se le llama *educar en democracia.*

69

Tiempo para escuchar, para enseñar a pensar

EN ARTÍCULOS ANTERIORES hemos venido tratando de la importancia de educar en la reflexión buscando la verdad, tanto en el ámbito familiar como en el escolar. Es importante ofrecer datos y habilidades, pero a la vez hay que aportar y suscitar criterios y actitudes, valores de sentido. No hay que dar las cosas pensadas, y ya. Tenemos que ayudar a que los niños y jóvenes logren «ver» por sí mismos.

El sistema educativo presente, tan sesgado ideológicamente, tan alejado de la persona y tan disperso, y el ritmo tan acelerado de vida y de búsqueda del bienestar a ultranza que agita a muchas familias dificultan esta labor, de la máxima importancia para la maduración de la persona.

Pero precisamente en un mundo lastrado de superficialidad y altamente hedonista y erotizado es más decisivo fomentar el esfuerzo reflexivo desde los momentos más tempranos de la evolución del carácter. Dejar que los niños se acostumbren a dejarse llevar por sus caprichos y a verlos satisfechos de forma inmediata es una trampa mortal que les hará débiles y vulnerables en el futuro. Muchos, a la hora de decidir, en lugar de pararse a pensar y considerar qué es lo importante en cada caso, qué valores están en juego, qué consecuencias se pueden seguir, simplemente se dejan llevar por las apariencias, las tendencias de moda, las ganas y las desganas o «lo que dicen los demás».

Los padres han de encontrar tiempo y momentos adecuados para hablar con ellos sobre todos los temas. Tiempo para estar con ellos –dar tiempo es dar vida–. Tal vez hablar despacio con ocasión de un acontecimiento familiar importante, de una excursión o de una noticia, o con ocasión de una lección de ciencias naturales que están estudiando, o de los temas que surgen en la clase de Religión, de la película que acabamos de ver con ellos, del comportamiento de ciertos compañeros...

Hay momentos muy propicios, como las sobremesas, en las que salen a colación acontecimientos o temas de conversación. Pero también hay ocasiones no buscadas: al ir juntos en el coche, al salir de compras. En cualquier oportunidad que nos brinde la convivencia diaria puede surgir una reacción, un juicio, una pregunta, un comentario de incalculable valor formativo.

En primer lugar es preciso escucharle para hacernos cargo de cómo está su cabeza por dentro. Si no, corremos el peligro de soltar un «rollo» bien intencionado pero poco útil para él. Por eso es bueno animarle a comentar, «tirarle de la lengua» con tacto y escuchar con paciencia a que termine sus explicaciones y preguntas, hacerle preguntas y observaciones para ver cómo es capaz de argumentar: «Lo que dices ¿se apoya en...?, ¿qué te hace pensar que...?, ¿y por qué piensas que esto es así...?» pueden ser preguntas que obliguen a razonar más sólidamente, a no precipitarse o a no dejarse llevar por un simple prejuicio.

Conviene no cortar o corregir de manera tajante o airada, sino adaptarse a la situación y al clima de la conversación, a su capacidad de comprender; valorar sus puntos de vista aunque no siempre se les dé la razón. Si la conversación se acalora y vemos que no están receptivos a nuestras apreciaciones, conviene dejar que pase algún tiempo y, cuando haya un clima de tranquilidad, volver al asunto con suavidad: A propósito, ¿sabes que el otro día me quedé pensando en lo que dijiste...?».

70

Formación de la conciencia

Venimos hablando de la importancia de educar en la reflexión desde edades tempranas. Uno de los principales aspectos de esta preocupación es aprender a distinguir el bien del mal para orientar cabalmente nuestra conducta y para emitir juicios de valor apropiados.

Todos sabemos que hay que hacer el bien y evitar el mal, pero esto no siempre es fácil. El ser humano puede hacer buen o mal uso de su libertad y a menudo no hace lo que debe, o hay situaciones y circunstancias en las que no es sencillo acertar con un comportamiento o con una decisión adecuados.

Los niños están especialmente necesitados de referencias morales que les ayuden a distinguir en la práctica lo que está bien de lo que está mal o de lo que simplemente resulta atrayente.

Muchas veces todos nos damos cuenta de que algo que hemos hecho no estuvo bien, y sentimos remordimiento. Al reflexionar serenamente caemos en la cuenta de haber hecho algo indebido, pero ya no hay remedio porque el mal está hecho. Por eso, antes de actuar, conviene pararse a pensar lo que debemos hacer y lo que no. Necesitamos una «brújula» que oriente nuestras decisiones y nuestra conducta para distinguir el bien del mal en situaciones concretas y acertar en nuestro comportamiento.

La conciencia moral es esa «brújula» que nos orienta acerca del bien y del mal. Es un juicio de valor que cada uno realizamos acerca de nuestros actos concretos. Parándonos a pensar si lo que hacemos es lo correcto, nos dice lo que tenemos que hacer, o lo que teníamos que haber hecho. La virtud que orienta a la conciencia moral es la *prudencia,* el criterio moral, el hábito de juzgar correctamente en las situaciones concretas.

La conciencia ha de ser educada y formada tempranamente para acertar a distinguir entre el bien y el mal en las diferentes situaciones. Se trata de una educación que conduce al perfeccionamiento personal y que supone respetar tres reglas de oro: *Hacer el bien y evitar el mal. Tratar a los demás como queremos ser tratados. No hacer el mal para obtener un bien.*

Desde los primeros años, una conciencia moral incipiente despierta al niño en su interior al conocimiento y la práctica del bien. Es como una inclinación espontánea, pero muy elemental, que se va desmarcando poco a poco de la simple distinción entre el placer y el dolor. Conviene orientarla para que aprenda a situarse ante los acontecimientos de la vida respetando el valor propio de las cosas y de las personas (él incluido). Es una tarea de toda la vida, pero si no se ha llevado a cabo desde la infancia pueden producirse deformaciones nada fáciles de corregir más adelante.

Las apariencias, a menudo, son engañosas y por ello nunca debemos dejarnos llevar por las primeras impresiones. El relativismo y el emotivismo presentes en la mentalidad hoy dominante favorecen la tiranía de los deseos, de las ganas y del gusto por lo fácil y atrayente. Por este motivo es fundamental enseñar a discernir tempranamente entre el bien y el mal. Como escribía Blaise Pascal, «nuestra dignidad radica en el pensamiento, en la reflexión. Esforcémonos en pensar bien: ese es el principio de la moral.» Seguiremos con este tema en próximas ocasiones.

71

Formando la conciencia moral (2)

Es DE SUMA IMPORTANCIA fomentar cuidadosamente el sentido crítico de niños y jóvenes, y en particular su conciencia moral. Se trata de enseñar a pensar y vivir con madurez y en libertad, siguiendo como pauta fundamental la orientación al bien, sabiendo además que los medios de difusión de las noticias y las ideas han adquirido una fuerza de penetración tan apremiante.

Saber leer críticamente el titular de una noticia, juzgar una película, criticar un espectáculo, saber, en una palabra, conservar el dominio del juicio y de los propios sentimientos contra todo cuanto tiende a despersonalizarnos se ha convertido en una exigencia de nuestro tiempo. Y por supuesto la conducción de la propia vida y la relación y el trato con las demás personas.

En los primeros años las figuras de apego y de referencia –sobre todo con el afecto, la escucha, el ejemplo y el consejo– son las que ofrecen pautas de comportamiento a los más pequeños. La primera pauta, lógicamente, es «obedecer a los mayores…».

Al llegar a los 6 o 7 años, con el «uso de razón», el niño (la niña) descubre que es libre y nota la «llamada del bien», de modo que se crea en él una notable necesidad de atenerse a lo moral, una especie de sentido de la justicia que empieza a iluminar la conciencia moral y favorece una primera adquisición del criterio propio.

Es muy oportuno, por ejemplo, leer juntos cuentos o narraciones y luego comentar con ellos acciones y actitudes de los personajes, haciéndoles ver las diferencias entre el bien y el mal.

Entre los 9 y los 12 años se inicia un interés por verdades profundas, relativas al sentido de la vida, por lo que es moralmente correcto y lo que no. Ya son capaces de ponerse en lugar de otro. Si queremos ayudar al desarrollo de la conciencia moral y de una personalidad equilibrada hemos de ayudarles en estos años en la adquisición de criterios. ¿Cómo hacerlo? Con ocasión de ciertos comportamientos, sin agobiar, más bien atendiendo a las circunstancias, ayudando a reflexionar con ejemplos...

—Cuando dices que una película (o un cuento, una historia...) te gusta, ¿qué quieres decir exactamente?, ¿por qué te gusta?, ¿qué personaje es tu favorito y por qué...?

—Si no te gusta hacer algo, porque te cuesta o porque no tienes ganas (por ejemplo ordenar tus juguetes y tus cosas), ¿es suficiente razón para pensar que eso es malo? ¿Qué pasaría si nadie hiciera cosas que son necesarias (hacer la comida, lavar la ropa, fregar los cubiertos, limpiar las habitaciones, otros trabajos...)?

—Si alguien prefiere las manzanas a las naranjas, ¿significa que las manzanas son mejores que las naranjas?

—Y cuando te apetece hacer algo, por ejemplo quitarle a tu hermana su estuche de pinturas para usarlo tú, ¿eso significa que es bueno? ¿Y si es ella la que te quita a ti el tuyo? Si a mucha gente le gusta algo, por ejemplo insultar o mentir, ¿eso lo hace bueno...?

—A veces dices que te gusta ayudar a personas que tienen alguna necesidad, ¿por qué?

Estas u otras muchas preguntas similares, en esas edades, pueden ayudar a descubrir el camino que conduce al bien. Hemos de facilitar que se mueva libremente hacia el bien: «Hacer las cosas porque entiendo que son buenas», no porque me apetecen o porque las hacen los demás.

72

La formación de la conciencia (3)

PARA APRENDER A DISTINGUIR el bien del mal en situaciones concretas y conducir la propia vida de acuerdo con ello, no es suficiente la teoría. Es preciso también apelar a la experiencia. Veámoslo.

Existe una forma de satisfacción y de alegría que es consecuencia de haber obrado bien; por ejemplo, uno se siente útil tras haber ofrecido ayuda, consejo o tiempo a un amigo; o cuando ha superado una importante dificultad o ha concluido bien una tarea costosa. Esa alegría brota del interior, «va de dentro a fuera».

Hay, en cambio, otras formas de alegría pasajeras, fruto de la satisfacción de necesidades vitales inmediatas, como saciar la sed con un refresco, y que, por así decir, «van de fuera adentro»; pueden ser más excitantes e intensas, pero suelen ser menos profundas y valiosas. Proporcionan agrado, pero no verdadera elevación humana.

La cuestión aquí es que la diferencia entre ambas formas de satisfacción sólo se percibe bien cuando se experimenta. Es lo que ocurre con la famosa afirmación de que *hay más gozo en dar que en recibir*: sólo «quien lo probó lo sabe», como diría el poeta. Por eso, cuando se ha comprobado que el goce inmediato no es tan satisfactorio como actuar generosamente o como superar ciertas dificultades, es más fácil pronunciarse en favor de conductas o decisiones valiosas aunque sean sensiblemente menos atrayentes. Es preciso haber saboreado con alegría el bien auténtico para comprobar que otros placeres «no saben» tan bien, que dejan vacío, no sacian de verdad.

Muchas personas, cuando hacen balance de su vida para ver si ha merecido la pena, lo que intentan en el fondo es hallar situaciones y gestos en los que hubo experiencias de gozo de esas que van «de dentro a fuera». Pero si sólo han hallado de las otras, las que van «de fuera a dentro», el resultado no suele ser muy halagüeño.

La publicidad, por ejemplo, tiende a borrar la frontera entre necesidad auténtica y deseos no siempre necesarios. Al asociar (a veces engañosamente) un producto con la satisfacción de una necesidad artificial o con una moda, tal producto o marca se presenta sin más como si fuera bueno. Pero es preciso tener fortaleza para «decir no» a algo que aunque atrae sensiblemente no es digno o realmente necesario. Y sólo quien sabe que ese «no» es en realidad un «sí» a un gozo y a un bien mayores tiene fuerza para no dejarse persuadir. El criterio se forma y consolida con la práctica.

No es muy bueno incentivar comportamientos por medio de la codicia –por ejemplo cuando decimos a un hijo que le compraremos tal regalo si aprueba– sino incitando a la superación de sí mismo y a la generosidad. De ahí la importancia de una temprana dedicación de niños y jóvenes a tareas que impliquen superación personal, entrega generosa y abnegada, y son fuente de satisfacciones personales profundas. En un corazón pleno no hay necesidad de llenar o disimular carencias y vacíos afectivos.

Por lo mismo, es conveniente, generar hábitos de sobriedad y autodominio, de superación personal y de responsabilidad mediante un ejercicio asiduo de pequeños actos de dominio personal, de vencimiento propio, negándose a actuar por caprichos intrascendentes o por comodidad. Un ejemplo sencillo: los expertos suelen decir que la voluntad de un joven es más vulnerable a determinados consumos y adicciones si nunca se ha ejercitado antes en privarse de ciertos caprichos: soportar la sed durante algo de tiempo, no quejarse continuamente a la menor incomodidad, comer con moderación, no tirar papeles o desperdicios al suelo y hacer uso de la papelera, ser puntual... Así se forja un carácter que lleva a conducirse por motivos de cierto calado como la generosidad, el amor a la obra bien hecha, el deseo de superar dificultades y resolver problemas, de hacer la vida más agradable a los demás, etcétera.

Si una persona adquiere estos hábitos será más difícil que se comporte de modo caprichoso, imprevisible y voluble. Suscitará la confianza de quienes esperan con fundamento que ponga lo mejor de sí misma en lo que se hace. William James escribía que «No se puede esperar de una persona que se niegue a hacer algo ilícito si antes no ha sido capaz de negarse a sí mismo cosas lícitas». Decía Aristóteles que a juzgar y a obrar bien se aprende obrando bien.

73

¿Cómo se educa la conciencia moral? (4)

Venimos insistiendo en educar en la reflexión a niños y jóvenes; y un aspecto esencial de esta tarea es la formación de la conciencia moral.

Debemos seguir siempre el juicio de nuestra conciencia cuando esta es cierta (segura) y verdadera. Si una persona está segura de lo que debe hacer, está obligada a actuar en conformidad con ello. Pero no es suficiente... Porque no basta la seguridad en el propio juicio para garantizar la veracidad. Una persona equivocada en su juicio moral puede obrar «de buena fe», pero a la vez de manera inadecuada y dañina. Quizás no sea culpable si su ignorancia es inevitable, pero no deja de estar equivocada.

La rectitud de conciencia ha de ser una aspiración permanente de la vida moral. Por eso es de la mayor importancia formarla bien, para que sus juicios sean verdaderos. De que la conciencia se forme bien y guíe la vida de las personas depende que nuestra existencia sea realmente humana. Ahora bien, volvemos a preguntarnos: ¿cómo se forma o se educa la conciencia moral?

1.º Lo primero es tener una idea clara y reflexionar con rigor acerca de la dignidad de la que es portadora toda persona humana. Y de esta manera advertir qué es digno de ella y qué no lo es. El consejo de personas sabias y prudentes y la propia reflexión son necesarias en esa labor. También es importante estudiar acerca de los fundamentos de la Ética para adquirir criterios bien fundados. El desconocimiento o la ignorancia puede ser fuente de desorientación moral.

2.º Pero no basta sólo tener ideas claras. Es preciso vivir habitualmente de acuerdo con juicios rectos. *Si no se es consecuente en la práctica* con las exigencias del orden moral, uno acaba normalmente por *deformar sus criterios*, y la conciencia puede corromperse. Y es que la ética es ante todo una forma de vivir –la forma *humana* de vivir–, y si el pensamiento, los sentimientos, la voluntad y las acciones no concuerdan, la vida se desarregla y acaba oscureciéndose el juicio acerca de lo adecuado y lo inadecuado. Por eso es indispensable procurar siempre obrar de manera correcta. No basta con *saber* lo que debe hacerse o evitarse, es preciso *hacerlo de modo habitual*.

3.º Es arriesgado que uno sea «juez en su propia causa», ya que nuestros condicionamientos emocionales y nuestros deseos pueden dificultar la rectitud de nuestros juicios. Por esa razón es bueno dejarse aconsejar por personas bien formadas, que nos merezcan confianza, para que nos ayuden a ser objetivos y, si resulta preciso, para que nos corrijan.

4.º Ayuda o perjudica mucho el ambiente en el que habitualmente nos movemos. Las personas y los grupos, con sus ejemplos y costumbres, con sus sanciones (aprobación, elogio, aceptación, reproches, críticas, exclusiones, etc.), influyen poderosamente en nuestra visión de las cosas. Así ocurre con los medios de comunicación social, con los grupos de amigos, las leyes vigentes, las redes sociales y la publicidad…, y su influencia en modas, gustos, juicios de valor, formas de vida, acciones, etc. Es importante ser conscientes del ambiente en el que nos desenvolvemos, sus valores y prioridades, y someterlos a revisión y crítica para no dejarse llevar de forma irreflexiva y gregaria. Y por lo mismo, buscar ambientes que nos ayuden a vivir rectamente y a orientar nuestro juicio moral.

5.º Según Aristóteles, el fin de la educación consiste en enseñar a desear lo valioso. Se refería con ello a educar los deseos –educación emocional y afectiva, educación del carácter– para facilitar el juicio y el comportamiento que hacen efectiva la excelencia del ser humano. Se trata de enlazar el mundo de las emociones con el mundo de la acción moralmente buena. Por eso, la formación de conciencia va de la mano de una sabia orientación de los afectos, así como del aprendizaje y la connaturalidad con la belleza. En educación, el amor –que es querer el bien de quien se ama– va por delante y abre paso al conocimiento.

6.º Configuramos nuestra personalidad moral según modelos de identificación. Lo que realmente nos educa es el ejemplo de las personas a las que admiramos. De este modo, los criterios vividos por los padres, singularmente, serán asumidos con naturalidad por los hijos si estos los ven vivirlos con coherencia y alegría, aun en medio de la contrariedad, llegado el caso.

El factor decisivo de una buena educación radica en el clima afectivo y de valores en el cual se crece. Recordemos aquello que Santa Teresa de Calcuta decía a los padres: «No os preocupéis si vuestros hijos no os escuchan. Os están observando todo el día».

74

Formación de la conciencia (y 5)

FORMAR RECTAMENTE LA CONCIENCIA es seguramente el capítulo más importante en la educación de una persona. Escribía Martin Luther King: «Nunca tengas miedo de hacer lo correcto. Los castigos de la sociedad son pequeños en comparación con las heridas que infligimos a nuestra alma cuando miramos para otro lado».

Es necesario seguir el juicio de nuestra conciencia moral, pero la conciencia no es la norma suprema porque puede estar equivocada, se puede incluso distorsionar y corromper. Por eso es necesario cuidar y cultivar la conciencia, para que acierte al distinguir entre el bien y el mal en las diferentes situaciones, frente a la presión de los propios intereses, pasiones y malos hábitos, por la influencia de un ambiente confuso e inmoral…

Os cuento una historia real que apareció en la prensa hace unos años: Yago Horno, un chavalín de siete años, era un apasionado del golf. Un sábado se marchó a casa feliz como unas castañuelas. Acababa de ganar en Isla Canela (Huelva) un torneo puntuable para el *ranking* nacional. Con ese triunfo se le abrían las puertas del Campeonato de España. Día completo.

Sin embargo, unas horas después, al llegar a casa y revisar la tarjeta junto a su padre, se dio cuenta de que había cometido un error. Descubrió que había hecho 51 y no 50, como había firmado. Su padre le comentó que esta equivocación se refleja en las reglas de golf y supone la descalificación del torneo.

«¡Menudo jarro de agua fría se llevó el pobre cuando se percató de la equivocación! Había sido un error, pero no quería que nadie pensara que era un tramposo, y su gran preocupación era que no se enterara su madre, por el disgusto que se iba a llevar», contará su padre.

Este le dejó tomar una decisión: «Podía no decírselo a nadie o podía cumplir con las reglas, ser honesto y comunicar el error a la Federación». Al niño estas palabras le dejaron «hecho polvo». Pero Yago se lo pensó bien y tomó su decisión: renunciaba a su trofeo. Con su letra infantil escribió a la Federación una carta en la que les pedía que le retirasen el trofeo que acababa de ganar «para que se lo deis a mis compañeros que se lo merecen».

Yago, sus padres… y hasta sus propios hijos, si un día los tiene, recordarán con legítimo orgullo y felicidad esa carta escrita a mano en 2016 por un chavalín de siete años. Una copia de ese papel debería lucir, debidamente enmarcada, en su estantería de trofeos.

Supongamos ahora que, en clase o en una conversación doméstica entre padres e hijos, se comenta el caso de Yago y su carta… Podemos reflexionar juntos para afinar nuestra conciencia:

«Por un momento, piensa que eres Yago, al que con este triunfo se abrían las puertas del campeonato nacional, que advierte que ha firmado un golpe menos y que nadie se ha dado cuenta… ¿Qué se le puede haber pasado por la cabeza? ¿Qué pierde y qué gana con su decisión? ¿Por qué? ¿Qué pensarías tú si fueras el jugador perjudicado por el error inicial de Yago al enterarte de que ha devuelto el trofeo? ¿Crees que Yago es una persona digna de confianza, por ejemplo para sus amigos o su familia? ¿Es alguien de quien uno se podría fiar? ¿Crees que hacen falta personas así en la sociedad? ¿Por qué…?».

75

La educación... ¿al servicio de qué?

Una cultura es la «conciencia de un pueblo» y es lo que lo hace reconocible en el mundo y en la historia. Y ha de entenderse en un doble sentido: por un lado, como una *concepción del mundo y una manera de diferenciar el bien y el mal*, generalizada y compartida en un grupo humano y que se expresa en una escala de valores fundamentales.

En segundo lugar se refiere al *conocimiento de la propia identidad*, una certeza acerca de quiénes somos y qué alimenta los vínculos de mutua pertenencia entre las personas, familias y grupos humanos. De esta conciencia, tomada en ambos sentidos, surge el sistema de creencias compartidas, las tradiciones y costumbres, la forma de organizarse políticamente, y se alimenta también la educación.

En esta misma línea se expresaba el humanista Werner Jaeger, en su obra magna, *Paideia,* cuando escribía que «la educación forma parte de la sustancia de toda sociedad, y la historia de la educación se halla esencialmente condicionada por el cambio de los valores de cada pueblo». Y, de hecho, explicaba, si las normas que dan cauce a la identidad de un pueblo son estables y moralmente positivas, lo esperable es la solidez de los fundamentos de la educación.

Pero, añadía, de la disolución de tales normas resulta la debilidad, la falta de seguridad y aun la imposibilidad de la acción educadora. Así, al estudiar el proceso de decadencia que acabó con la grandeza de Atenas, Jaeger señalaba que la educación y la cultura atenienses se vinieron abajo cuando la tradición fue desplazada por el individualismo y el olvido de los grandes ideales. Pero advertía también que «la mera estabilidad no es signo seguro de salud. Reina también en los estados de rigidez senil, en los días postreros de una cultura». Lo que se requiere, concluía, es un dinamismo social movido por metas valiosas que configuren la escala de valores vigente y que lleve de algún modo a anteponer el bien común sobre los intereses particulares.

Decía con acierto G.S. Counts: «Debemos abandonar la simplista idea de que la escuela libera automáticamente la mente y sirve a la causa del progreso humano. Puede servir tanto a la tiranía como a la libertad, a la ignorancia como a la ilustración, a la falsedad como a la verdad, a la guerra como a la paz, a la muerte como a la vida. Puede incitar a los hombres al pensamiento de que son libres aun cuando les ate a cadenas de esclavitud. La educación es sin duda una fuerza de gran poder, particularmente cuando abarca todos los procesos organizados para moldear la mente; pero si es ella buena o mala depende no de las leyes del aprendizaje, sino de la concepción de la vida y de la civilización que le da sustancia y dirección. En el curso de la historia, la educación ha servido a todo género de objetivos y doctrinas tramados por el hombre».

Una educación que pretenda servir a las necesidades sociales no puede cuestionarse sólo, ni preferentemente, el cómo sino el para qué. El problema profundo de la educación no es de métodos o de medios; es un problema de fines. Por eso, cuando se reclama un gran pacto educativo nacional, habría que considerar que, si no se está de acuerdo en los principios, para nada servirá querer estarlo en las formas.

76

Educación y socialización

SE PREGUNTABA, ANTES DE DEJARNOS, hace no mucho, el profesor Abilio de Gregorio: «¿A qué causa ha de servir la educación? ¿Qué valores derivarán de esa causa y en qué jerarquía…?». Y la respuesta que proponía era la de «una educación al servicio de la causa del hombre como persona».

Reconocía, sin embargo, que actualmente se dan enfoques de la educación mediatizados por planteamientos económicos, culturales, políticos e ideológicos que miran en otras direcciones.

Así, podemos ver que la finalidad declarada en las leyes de educación en España en los últimos tiempos, por encima de la transmisión del conocimiento, es la socialización de los alumnos.

Siempre se ha entendido que la socialización consiste en la integración en la comunidad y en la cultura en la que se vive, aprendiendo a convivir, a dar y a recibir de familiares, vecinos y conciudadanos, a contribuir al bien común. Y, ciertamente, las personas, a través de la educación y la convivencia, están llamadas a socializarse.

Pero conviene advertir que en los textos y directrices de nuestra legislación educativa se ha caído cuando menos en la ambigüedad. La idea de socialización que ha venido a imponerse prioriza ante todo la integración en el colectivo social según los valores dominantes en el mismo, tendiendo a una absorción de la persona y de sus responsabilidades en el seno de la colectividad bajo el arbitrio del Estado. El sistema social y su cohesión serían lo más relevante, y la persona quedaría reducida esencialmente a la condición de «ciudadano». El referente de la acción educativa será entonces el de la inserción y el progreso social, tal como quiera entenderlos el gobernante de turno.

No es que la dimensión social de las personas carezca de importancia. Al contrario, el ser humano está necesitado de la convivencia para vivir y desarrollarse plenamente. Sin embargo, su valor y dignidad no le viene de ser un mero fragmento o parte del todo social.

La cuestión de fondo es si la persona «es para» la sociedad, o más bien la sociedad «es para» la persona. Y, por lo mismo, si la persona es un mero fragmento o episodio de la sociedad –aquí el colectivo social sería lo sustantivo–, o más bien la sociedad es un conjunto de personas cuya finalidad es el bien común, es decir, el bien propio y solidario de las personas mismas.

Bajo el primer enfoque –el individuo es básicamente un fragmento del todo social, y la educación ha de propiciar su inserción en ese todo– se tiende a olvidar que la persona es un fin en sí misma y que nunca debe ser tomada como mero medio al servicio de algo (en este caso, del colectivo). El peligro evidente es favorecer desde la acción educativa el gregarismo de las personas al servicio del poder político, de las exigencias del mercado y de las ideologías.

La persona no está ordenada a la comunidad política según todo su ser y según todo lo que le pertenece, y por ello la disolución de la responsabilidad personal en el entramado socioeconómico no puede ser la finalidad de la educación, porque en última instancia implica la deshumanización de la persona.

Arthur Koestler denunció con pasión y con razón las sociedades en las que un hombre es sólo «un millón de hombres partido por un millón».

77

Socialización y personalización

HEMOS VENIDO CRITICANDO UNA MANERA engañosa de entender la socialización en el ámbito educativo. La crítica se centraba en una forma politizada –ideológica, más bien– de entender la educación hoy predominante, en la que se busca la absorción de la persona en una forma reduccionista de ciudadanía, como si fuera un mero fragmento del colectivo social conducido según los valores dominantes; a la postre, un individuo atomizado que desaparece absorbido por el anonimato de la masa.

Es importante no desdeñar la dimensión social de la persona cayendo en un individualismo narcisista e insolidario. Antes bien, en una socialización bien entendida, cada persona sigue siendo significativa y se ve resguardada e impulsada, no se ve privada de su dignidad intrínseca y de su responsabilidad, conserva un rostro identificable en los ámbitos de los que forma parte. Y por ello está en las mejores condiciones para corresponder a la sociedad aportando lo mejor y más genuino de sí misma.

La excelencia personal, entendida como capacidad de suscitar y aportar lo mejor de uno mismo, no es contraria a la vida social; al contrario: es el mejor de sus recursos. Sin embargo, sí lo es la mediocridad, es decir, esa forma de subdesarrollo personal que crea problemas, que incapacita para resolver, para aportar al bien común, para suscitar la confianza de los demás y que, al final, deprime.

El ser humano es naturalmente sociable porque, a través de la convivencia organizada, su humanidad y su personalidad se ven enriquecidas y se desarrollan mejor. Al contrario, y por lo mismo, una vida social o una forma de convivencia tóxica es aquella que nos deshumaniza.

En una sociedad en la que importa el bien común –el bien propio y solidario de las personas que la forman–, se favorece la responsabilidad y la significación de las relaciones personales. En una socialización bien entendida, la personalización se afianza. Y, precisamente, *personalizar* –contribuir a la formación de una personalidad madura, de una libertad responsable que se orienta al bien– es la tarea esencial de la educación.

Una educación personalizadora no es la que se obsesiona con el éxito y la autosuficiencia individual (¿el empoderamiento?). Es la que procura *la maduración de la personalidad* mediante el cultivo y el ejercicio de la reflexión basada en la búsqueda de la verdad y la libre orientación al bien, de una solidez de carácter frente a circunstancias mudables o dificultades que inciten a claudicar.

Es tarea fundamental de la educación, como instrumento de personalización y socialización, enseñar a niños y jóvenes a pensar y comprender, a hacer juicios de valor adecuados, a «ver por dentro» la realidad, a las personas y la propia interioridad, más allá de las apariencias y de la utilidad inmediata. Capacitarles para conducirse lúcida y responsablemente ante los valores de sentido, para *dar y recibir* en el seno de las relaciones, vínculos y tareas de la vida social.

En el marco de una educación personalizadora, lo más relevante son los criterios y ayudas desde las que aprenderán a comprender la realidad y a convivir contribuyendo a la humanización de la convivencia. De lo contrario, el sistema educativo fomentará la aparición de individuos egoístas, abandonados a la mediocridad y perfectamente manejables. No la socialización.

78

¿Un modelo educativo fracasado?

LA LOGSE, AQUELLA LEY DE 1990 que ha desorientado nuestro sistema educativo, implantó en España un modelo concreto, el de la llamada «escuela comprensiva» (*comprehensive school*), argumentando que favorecía la socialización de los alumnos y la cohesión social de nuestro país.

La comprensividad se basaba en el axioma de Comenio «*Omnia, omnibus omnino*», según el cual, para que la educación contribuyera eficazmente a la cohesión social y a la disminución de las diferencias sociales, todos los alumnos habían de recibir la misma educación: a la misma edad todos debían recibir los mismos conocimientos, de la misma manera, en el mismo escenario educativo y con el mismo profesor. Es lo que coloquialmente suele llamarse «café con leche para todos» y una de las causas de fondo del *malestar docente* que se viene registrando desde hace al menos un par de décadas, sobre todo en secundaria.

Se decía que el sistema educativo debía compensar las diferencias socioeconómicas existentes, pero confundía la igualdad de oportunidades con un igualitarismo mostrenco, también de resultados (y por lo tanto a la baja, reacio a la excelencia). Años después se han ido introduciendo otros términos para ahondar en el *prin-*

cipio de comprensividad, tales como «integración» o «inclusión», a la vez que no ha dejado de impulsarse desde el poder político –sin excepción notable– un modelo de escuela «única, pública, laica, inclusiva y feminista».

Era principio declarado de esta andadura la «no segregación» del alumnado bajo ningún concepto. Y así se ha ido complicando la existencia, por ejemplo, a los centros que plantean una enseñanza diferenciada por sexos, a aquellos otros que atienden a alumnos con necesidades educativas severas (los llamados de «educación especial») o se elude atender de manera específica a los que presentan altas capacidades. Pero «la realidad» (más bien la política al uso) es como es, y la segregación sí se ha considerado idónea a la hora de impartir la enseñanza en determinadas lenguas creando e imponiendo centros que sólo imparten un modelo lingüístico (excluyendo a los alumnos que no deseen hacerlo).

El modelo «comprensivo, integrador, inclusivo y no segregador» pretendía, presuntamente, anular diferencias debidas a la posición socioeconómica, lo cual sería sin duda aceptable de cara a la igualdad de oportunidades. Lo malo es que no se han tenido en cuenta adecuadamente la diversidad de capacidades, circunstancias, intereses y méritos personales del alumnado –por no hablar de la libertad de los padres a elegir el tipo de educación que desean para sus hijos–; y la atención educativa se programa para un «alumnado estándar»... que en realidad no existe.

No obstante, hubo Comunidades –en esto Navarra fue pionera en los años 90– que aplicaron con flexibilidad y sentido común aquellos principios, incorporando a ellos una necesaria *atención a la diversidad,* con itinerarios y modalidades más específicos que intentaban dar respuesta con realismo a la realidad del alumnado, centrándose más en lo peculiar de las personas y dejando aparte lo ideológico. Y los buenos resultados confirmaron pronto la idoneidad de esta reconducción del modelo socialista en tales Comunidades. Pero eran otros tiempos…

No sería ocioso analizar la evolución de resultados (a través de las evaluaciones PISA, de las cifras de fracaso y de abandono escolar, o de conflictividad en los centros escolares), y las posibles causas de su empeoramiento creciente en los últimos años. En Navarra…, sin ir más lejos.

79

¿Educar para el bienestar o para el *bien ser*?

CEDIENDO A UNA FALSA SOCIALIZACIÓN, reducido el ser humano a mera unidad de producción y de consumo, a simple elemento del sistema social pastoreado por el Estado, sin referencias trascendentes para su vida, no puede aspirar más que a *estar* (y cuando llegue la muerte..., fin). ¿Recuerdan aquello de que el hombre es un «ser-para-la-muerte», una «pasión inútil»...?

Pero si hemos venido al mundo sólo para *estar,* la única aspiración posible es *estar bien,* un *bienestar* regido en el fondo por el principio del deseo. Y como cada uno va a lo suyo y procura imponer sus deseos, el contenido de las normas sociales y los valores que rigen la convivencia dependerán de quien ostente el poder político, económico y mediático. Este es el trasfondo de la mentalidad hoy dominante, que condiciona poderosamente la tarea de educar priorizando la adaptación al entorno.

Todo cuanto se oponga al deseo (al placer, al éxito) se considerará represivo y poco progresista. El utilitarismo, el relativismo, el narcisismo y la superficialidad configuran, así, el panorama ético vigente.

Y, por tanto, si se trata de *estar bien,* en las relaciones interpersonales viene a regir una débil tolerancia («Si están bien así...», «Si así son felices…», «Si es lo que han elegido…», «Si se quieren…», pues vale). Pero esta tolerancia emana en el fondo de la indiferencia al ser del otro. La tolerancia («Yo te tolero…») es un vínculo pobrísimo. A lo sumo se espera que, en contrapartida, a uno le dejen montarse la vida a su gusto.

Además, desde el *estar* como argumento vital no son bien vistas las convicciones; sólo caben *posturas*. Tener convicciones suena a rígido, a absoluto… Cambiar de convicciones resulta demasiado difícil. Ya no se pregunta: «¿Cuáles son sus convicciones…?», sino «¿Cuál es su *postura* acerca de…?». Porque, cuando *no se está bien*, lo más cómodo es cambiar de postura. Si las posturas se mantienen durante un tiempo, acaban cansando. Será preciso, entonces, cambiarlas con frecuencia, relativizarlas para *estar* más cómodos. Y, así, casi imperceptiblemente, se sustituirá la *ética* por la *estética* e incluso por la simple *cosmética*… La realidad se reemplaza por las apariencias. No importa hacer el bien, sino quedar bien. La aspiración a la excelencia (a cultivar y dar lo mejor de sí) quedará desbancada por el *glamour* y por el afán de convertirse en *influencer*.

Sin embargo, se quiera o no, el hombre no ha nacido para *estar* sino para *ser*. Y la educación ha de ayudar no al bienestar sino al *bien ser*, al perfeccionamiento moral de la personalidad.

El ser humano es a un tiempo don y tarea. Se nos han dado la existencia y la vida, así como el privilegio mismo de ser humanos. La naturaleza humana (hoy tan mal entendida y menospreciada) es nuestro modo constitutivo de *ser*; nos otorga un patrimonio de magníficas capacidades y a la vez es una pauta que nos marca la diferencia entre lo bueno (lo humano) y lo malo (lo inhumano).

Si no actuamos, si no crecemos y no educamos de acuerdo con lo que *somos* –personas, hombres, mujeres–, surgirá la frustración, el sentimiento de fracaso, el hastío, el desequilibrio, la desesperanza, que son la consecuencia de una vida superficial e intrascendente. De un mero *estar* sin (querer) *ser*.

80

Una visión adecuada del ser humano

En este momento en el que al socaire del fenómeno de la glo-balización ha florecido el «pensamiento único», la educación (y no sólo la escolar, pues el fenómeno ha invadido toda la sociedad y con ella el ámbito familiar) podría ser engullida por una menta-lidad relativista regida por la inmediatez, capaz de manejar todo destino humano individual y colectivo.

Ese pensamiento único, que puede caracterizarse como la im-periosa satisfacción de los deseos, se ha convertido de hecho en una moralidad indiscutible, fuente de nuevos derechos y cance-laciones; un absoluto ante cuyo altar vienen a rendirse los signos racionales de nuestra dignidad. El hombre y la mujer –se dice– *no nacen: se hacen,* en la medida en que logran alguna partícula de poder (empoderamiento) y ven así satisfechos sus deseos. Pero si no la alcanzan, sus criterios y principios, incluso su misma existen-cia, carecen de valor y quedan a merced de aquellos que sí la han logrado. Es una versión refinadísima de la «ley del más fuerte» en la que *el hombre es un lobo para el hombre.*

Reducido el ser humano a variable del proceso de producción, de la estructura social y del sistema político, acaba privado de su densidad ontológica en el maremágnum de una *sociedad líquida,* sin vínculos consistentes con la verdad, con el bien y entre las personas mismas. Encadenado al servicio de intereses múltiples, el incremento de «libertades» esconde una auténtica falta de libertad. Este modelo de hombre, reactivamente, se ha refugiado en su subjetividad solitaria e insolidaria, es frágil ante la frustración y propenso al vacío existencial. Nos preocupa la salud mental de los jóvenes; debería hacerlo también la falta de sentido que a menudo experimentan.

A este deterioro ético parece ayudar con lamentable eficacia cierta «nueva escuela» (en expresión de Inger Enkvist) que debiera estar llamada a todo lo contrario: a la formación de personalidades maduras y consistentes. A esto se refiere Miguel Quintana Paz cuando describe irónicamente lo aprendido hasta bachillerato como «un bagaje que sólo serviría a nuestros jóvenes para presentarse en un concurso de Miss España: la paz es buena, las guerras son malas, es loable reciclar… y Confucio es el fundador del confusionismo». Sensibles, eso sí, aunque vagamente, a los objetivos de desarrollo sostenible y la Agenda 2030, pertrechados de artilugios digitales y adictos a las pantallas.

El panorama general lo han descrito con admirable precisión conceptual autores como Paul Ricoeur, Gilles Lipovetsky o Zygmunt Bauman, que se han preguntado también si los educadores pueden hacer algo. Se pregunta Ricoeur, por ejemplo: «¿Cuáles son, frente a esta situación, la tarea y la responsabilidad de los educadores, incluyendo en ellos a los ámbitos del pensamiento, a los grupos de opinión y a las iglesias?». Y responde él mismo: «Estamos llamados a afrontar una tarea educativa descuidada: recuperar una visión adecuada del hombre».

Un ejemplo: las cuestiones tecnológicas encabezan hoy las preocupaciones de los sistemas educativos, pero no debemos olvidar que las tecnologías no innovan, quien innova *son las personas.* En sentido propio, no son las tecnologías las que nos están cambiando la vida, sino quienes las han ideado y quienes las utilizan. La llamada «competencia digital» no es sólo cuestión de teclas, sino, ante todo, de ideas, de criterios y de valores éticos. De personas. Y así, lo demás.

81

Educativa en hábitos y valores

LA VERDADERA EDUCACIÓN ES la que tiene como centro y razón de ser a la persona. Y lo demás, en el mejor de los casos, vendría a ser un sucedáneo y, en el peor, una forma más o menos velada de manipulación.

La persona humana es un ser en desarrollo –un hacerse–, pero a partir de una naturaleza dada de antemano: la naturaleza humana. Es necesario el desarrollo de las capacidades innatas y de otras muchas adquiridas para alcanzar una vida lograda.

En el primer libro de la *Ética a Nicómaco* escribe Aristóteles que «una golondrina no hace verano, ni un solo día; y así tampoco hace venturoso y feliz un solo día o un poco de tiempo». La cita alude a que, según piensa el filósofo griego, la felicidad, el fin o meta de la vida humana implica estabilidad y continuidad.

De modo semejante, en la consolidación del carácter o de la «personalidad aprendida» por medio de la educación, se precisa el arraigo y la consolidación de las acciones humanas en forma de hábitos. Más aún, como ha recordado José Antonio Marina, la educación vendría a consistir en último término en la adquisición de hábitos valiosos.

Hace falta la repetición para la consolidación del hábito, pero hay que ir más allá del mero ejercicio mecánico de las acciones, ya que son los valores (entendidos como especificaciones del bien) los que dan sentido al hábito, dan significado a cada acción y horizonte educativo a toda actividad.

Los hábitos integrados en constelaciones de sentido y significado –valores– contribuyen activamente al crecimiento educativo del ser humano. Orientar la consolidación de hábitos hacia bienes relevantes favoreciendo su interiorización y la libre búsqueda del saber, de la justicia, la solidaridad, la compasión, etc., es formar una personalidad valiosa, favorecer el autodominio y la magnanimidad, crecer en humanidad y aportar humanidad al mundo.

Los hábitos y los valores han permanecido en la vida escolar cotidiana, sin duda más que en los discursos pedagógicos académicos y oficiales. Están presentes en la comprensión y orientación adecuada de una vida sana, de una convivencia saludable.

En el orden de la educación, los hábitos:

a) *Hacen al alumno más eficaz, más hábil.* Los hábitos, fruto de un ejercicio continuado, hacen más fácil, precisa y gozosa la actividad.

b) *Aportan calidad humana a la persona* cuando son generados desde el sentido que da un valor asumido; entonces son, propiamente hablando, virtudes.

c) *Los hábitos son capacitadores y potenciadores de la construcción de la personalidad,* del carácter. No son un repertorio de automatismos ciegos, sino disposiciones integradas en la persona.

d) *Los hábitos propician la autonomía de la persona*: lejos de considerarlos como una forma de dependencia a rutinas y a automatismos, los hábitos abren la puerta a la construcción de una personalidad libre y responsable, dueña de sí misma.

Uno de los principales fines de la educación es colaborar a que el educando vaya construyendo referentes de interpretación de la realidad que contribuyan a su perfeccionamiento como persona. Por eso es tarea de la escuela enseñar a pensar, a juzgar, a captar lo valioso.

82

Educar en la superación y el esfuerzo

UNA DE LAS CONSECUENCIAS más claras en tiempos o en ambientes de permisividad y hedonismo es la flojera de los caracteres, un pernicioso emotivismo moral que sólo distingue entre «Me gusta/No me gusta», «Tengo ganas/No tengo ganas», «Me apetece/No me apetece», «Lo hacen los demás/Nadie más lo hace»... y no es capaz de distinguir lisa y llanamente entre lo bueno y lo malo, lo justo y lo injusto. La rectitud moral queda desplazada por la comodidad y por el deseo de sentirse bien, y nada intimida más que el sufrimiento y el sacrificio. En el extremo de semejante desatino (ya no hipotético), la sociedad castiga a los padres por castigar a los hijos.

Escribe José Antonio Marina: «Es muy difícil que convenzamos a un niño de que tiene que esforzarse si al mismo tiempo le acostumbramos a no soportar ninguna molestia. Ahora sabemos que a partir de los quince meses la tarea más importante de la madre es ayudar al niño a soportar niveles cada vez mayores de tensión. Deben aprender a resolver los problemas que son capaces de resolver, sabiendo que cuentan con el apoyo emocional de sus padres, pero que son ellos los protagonistas. Hemos de enseñar a aplazar la recompensa. Los niños necesitan saber que muchas veces hay que hacer cosas desagradables para conseguir una meta agradable (y, añadiríamos nosotros, noble, buena), y que mantener el esfuerzo durante el trayecto puede ser duro… pero merece la pena».

Para educar en el esfuerzo ayudan mucho los *premios* y los *castigos*; de ellos trataremos en una próxima ocasión. Pero ayudan más y son más determinantes en la adquisición de la fortaleza psicológica y moral los *hábitos* vinculados a *ideales y criterios*. La adquisición de hábitos y virtudes implica esfuerzo al principio, cierta lucha. Después, en cuanto empiezan a consolidarse, conllevan satisfacción y alegría crecientes. También influyen notablemente los *ambientes* que estimulan a la superación y en los que se otorga una compensación emocional por el esfuerzo, así como los *buenos ejemplos* de las personas de referencia (padres, profesores, amigos…).

Por principio, no hay que evitar a los niños y jóvenes los esfuerzos, ya que son fuente de una experiencia educativa formidable: la satisfacción del deber cumplido, de haber sido capaz de conseguir las metas planteadas, de superarse a sí mismo. Todo ello proporciona una forma de alegría muy superior al placer sensible inmediato. La experiencia de «alegría interior» que se produce cuando se corona un esfuerzo con éxito es una fuente extraordinaria de motivación.

El afán de superación es un potencial educativo fundamental. No es bueno caer en la queja y la fácil excusa. La exigencia a cargo de los educadores –exhortar al cumplimiento de deberes, la propuesta de metas nobles aunque sean costosas…–, siempre que sea proporcionada a la situación y a las capacidades de las personas, promueve el fortalecimiento de la voluntad. Es preciso ayudarles a dominar los caprichos y a sobrellevar con buen ánimo ciertos estados y situaciones de frustración. Importa mucho valorar su esfuerzo: tanto, al menos, como el resultado final.

El consejo prudente y el apoyo de quien tiene autoridad moral y experiencia son una fuente de criterios, motivaciones y de maduración personal. El deporte, además de una práctica saludable, es un buen ejemplo de todo lo dicho: el entrenamiento es el principal resorte educativo para lograr la superación y el éxito.

83

Saber mandar: la firmeza

En un modelo de educación personalizadora, que pretende ayudar en su maduración a niños y jóvenes fomentando el desarrollo armónico de sus capacidades, y orientarles a la verdad, al bien y a la belleza, uno de los aspectos esenciales es el ejercicio de la autoridad por parte del educador, que se traduce en muchas ocasiones, lisa y llanamente, en saber mandar. (Sí, ya sé que a ciertos oídos esto suena algo fuerte, pero a lo mejor tiene que ver con las carencias de nuestro sistema educativo y aun de la mentalidad socialmente dominante).

Se insiste mucho en distinguir entre *autoridad* y *autoritarismo*: que alguien tenga que hacer las cosas porque lo digo yo y punto, actitudes agresivas y de imposición, incluso acudir a ciertas formas de violencia, aunque sea verbal o emocional, son actitudes que todos, con razón, consideramos contraproducentes y rechazables.

Pero a veces, por evitar un error, se cae en el opuesto, el del permisivismo, cediendo a caprichos, chantajes emocionales, a la propia inseguridad y hasta cediendo al cansancio. Cuando se llega cansado a casa del trabajo o de hacer la compra, por ejemplo, lo más sencillo es decir «sí» a cualquier capricho o ceder simplemente para tener la fiesta en paz. Es todo un reto ser lo suficientemente pacientes y fuertes como para decir «no» cuando hay que decirlo, y hacerlo de manera que no se desencadene una bronca que estropee más las cosas.

La clave es la firmeza. Estamos ante una de las grandes virtudes del educador. Es posible que haya personas que, por temperamento o por haber tratado de cerca con personas muy equilibradas y firmes, sepan serlo de forma natural y espontánea. Pero lo más normal es aprender en la práctica, a menudo cometiendo errores y casi siempre costosamente. Sin embargo, de nuestra firmeza de hoy dependerán directamente la fuerza de voluntad y el autodominio de nuestros hijos y alumnos mañana.

A veces la exigencia firme se distorsiona por exceso o por falta de claridad, y se cae en el rigorismo autoritario. Y otras un extremo lleva a otro y, por cansancio, por la influencia de un entorno cultural hedonista o por falta de criterio, se cae en la tolerancia excesiva. Tan malo es lo uno como lo otro.

La firmeza es la virtud por la que se mantiene el equilibrio, se dominan las reacciones y se superan las dificultades que sobrevienen. Es muy importante no confundirla con frialdad, dureza o inflexibilidad, y esto importa, porque, si no se anda con cuidado, siempre se acaba haciendo daño y nunca ayuda. Por el contrario, la firmeza verdadera implica *calma, energía y entereza*. Expliquemos con algún detalle en qué consisten estas tres actitudes.

Empecemos por la *calma*. Consiste en el dominio de la situación; conlleva objetividad y ánimo sereno. Es fuente de claridad en el juicio y en la decisión. Requiere dominio interior, comedimiento en el gesto, la palabra y la mirada. Para ello es muy necesario el examen propio, el silencio reflexivo. Aquello de *contar hasta cien…* o más, si es preciso. Conviene examinarse con regularidad para caer en la cuenta y enmendarse, si es preciso. No pasa nada por pedir perdón. Al contrario.

84

Saber mandar: calma y energía (2)

CALMA, ENERGÍA Y ENTEREZA. Tres actitudes o disposiciones ineludibles para ejercer la autoridad en la educación. Tres ingredientes de la necesaria firmeza que conlleva.

Se ha dicho que la calma es la majestad de la fuerza. Ha de ser la condición necesaria que debería preceder a todo mandato. Cuando los nervios fallan no se está en condiciones de ejercer la autoridad. *Calma:* es mejor hablar que gritar, mejor reprender sin insultar ni humillar, mandar sin atropellar, atendiendo al ritmo de maduración del niño o del joven, a su temperamento (si es muy primario y perdemos la calma, tendremos casi asegurada una mala contestación; si es muy secundario, puede sentirse herido, o «guardárnosla» ahondando en sentimientos de revancha, y la herida perdurará bastante tiempo, y en todo caso se interpretará que estamos descargando nuestro mal humor o nuestra prepotencia, sin entender otros motivos ni intenciones).

También hay que estar atentos a las circunstancias (conviene no emplear el mismo tono en público o en privado, no aludir a cosas que le hieran o humillen particularmente, no se debe corregir cuando hay demasiada tensión emocional…).

No hay que pedir imposibles, seguramente convendrá disimular ciertos fallos de poca importancia para intervenir sólo en el momento más oportuno. Conviene reducir las órdenes al mínimo. No se trata de controlar y ahogar las energías naturales del niño o del joven, sino de orientarlas al mayor bien. Maria Montessori decía que hay que observarlo todo, y corregir poco y a su debido tiempo.

No hay que asfixiar las energías naturales, la iniciativa. Cuando una niña o un niño se siente asfixiado, aplastado por un aluvión de normas y reproches, se encoge, pierde autoestima, se pone a la defensiva y cae con facilidad en el disimulo y la mentira, adquiere un hastío devastador frente a toda norma, deber y principio.

Como es lógico, esto se aprende. A veces nos pasaremos, otras nos quedaremos cortos... Pero debemos poner todo nuestro cuidado en actuar con la mejor intención y no perder los estribos ni las formas... ni el cariño.

Hablemos ahora de la *energía*. Se trata de saber hacerse querer y respetar. Ha de ir acompañada de respeto, tacto y condescendencia. La energía –volvemos a insistir– no estará en gritar, insultar, mirar de forma amenazante... Se trata de:

a) *Mandar sin suplicar.* Convendrá dulcificar algunas órdenes, pero ha de haber órdenes. La obediencia no se mantiene ante una persona insegura de sí misma, carente de determinación en las decisiones de importancia. Es un modo de dar valor a lo que es preciso hacer.

b) *Mandar sin discutir.* Cuando no conviene detenerse en explicaciones o no existe seguridad de ser entendido en ese instante por el niño, no hay que aceptar réplicas. Se debe buscar otro momento, más sereno, para aclarar en privado la situación.

c) *Mandar con claridad.* Directrices claras y adaptadas a la edad, inteligencia y receptividad del niño. Hay que evitar expresiones ambiguas o que carezcan de la necesaria convicción.

d) *Mantener lo mandado.* No cambiar las órdenes a capricho, ni emplear diferente rigor según el humor que se tenga en cada momento, ni establecer diferencias injustas. Desigualdades y rectificaciones desconciertan. Una vez tomada una medida, hay que mantenerla: la falta de perseverancia en esta actitud debilita la autoridad. Si el niño no merecía una corrección, por ejemplo, no había que habérsela impuesto, y si la merecía debe cumplirla. Hace falta entereza para no claudicar ante una momentánea pérdida de afecto. La tendencia a modificar las órdenes hace pensar que estas dependen del capricho del educador.

Calma para no pasarse de la raya de manera irracional y abusiva; y firmeza para no pararse antes de tiempo y caer en la veleidad y en la indecisión. La firmeza bien administrada da seguridad.

Nunca se insistirá lo bastante en la importancia de cuidar mucho las condiciones mencionadas. Esmerarse en vivirlas, no cansarse de intentar actuar así no sólo es educativo para nuestros hijos o para nuestros alumnos. Evidentemente, nosotros mismos, educadores, nos estaremos autoeducando, puesto que estaremos puliendo nuestro propio carácter.

85

Saber mandar con entereza (y 3)

Calma, energía y entereza en el ejercicio de la autoridad al educar, venimos diciendo. La entereza implica serenidad, un dominio de las propias emociones para pensar y decidir con tranquilidad, sin perder el norte.

La firmeza puede exigir en ocasiones renunciar al placer de sentirse amado. El educador debe amar, indispensablemente; pero nunca mendigar el cariño de los niños o jóvenes. Hace falta entereza para soportar con serenidad posibles vacíos afectivos de parte del educando –porque a nadie le agrada demasiado que le corrijan, admitámoslo–, e incluso el rencor momentáneo que se suscita en ellos al corregirles o denegarles alguna cosa. Pero a la larga el niño terminará admirando la rectitud del educador que supo hacer lo que debía con abnegación, respeto y paciencia. Que este no buscaba ser alabado o incluso correspondido, sino el crecimiento y superación personal del educando; su bien.

Es necesario procurar ponerse en el lugar del hijo o del alumno para intentar comprender cómo se siente y lo que de verdad necesita. «¿Cómo me hubiera sentado a mí si me dicen esto así… ?». Nos ayudará a buscar una forma más «humana» y prudente en el trato, aunque no por ello, necesariamente, más «blanda».

Seguro que algunas veces meteremos la pata, por exceso o por defecto. No dejemos de pedir perdón si hemos hecho daño al corregir o al ordenar (o al no hacerlo), y procuremos dejar claro el criterio e intentarlo de nuevo una y otra vez. No se pierde con ello autoridad; al contrario, quedará bien claro que no actuamos por quedar bien nosotros, o por imponernos, sino porque buscamos el bien, lo justo, lo más conveniente.

Importante: es verdad que el educador ha de cultivar determinadas actitudes y valores humanos para dar ejemplo. No puede decir una cosa o pedirla a los demás si luego él mismo no la hace vida propia. Pero no hay que esperar a «ser perfecto» para orientar y exigir educando. Primero, porque nunca llegaremos a la perfección, y si esperamos a ser excelentes en aquello que pedimos o exigimos a otros, acabaremos por no mandar nada debido a nuestros fallos o limitaciones. Pensaremos, por ejemplo, que no debemos pedir a nuestros hijos o alumnos que sean ordenados si nosotros no conseguimos serlo. Pero no se trata de ser perfectos, sino de no cansarse nunca de luchar por llegar a serlo, de no rendirse aspirando a mejorar en nuestros defectos y limitaciones (el desorden, en este caso). Si ellos nos ven intentarlo una y otra vez, aunque nos cueste, entenderán que el orden es algo importante.

El educador sólo podrá esperar de los niños y los jóvenes lo que a diario se esfuerza por conquistar sobre sí mismo. No porque haya triunfado sobre sus defectos, sino porque no se cansa de luchar para vencerlos. Ese no rendirse es ya el mejor ejemplo. Se trata de una «lucha» consigo mismo, de intentar superarse. Es el arte de volver a empezar, de no cansarse nuca de estar empezando siempre, sin perder el buen humor y la paciencia.

Además, estas limitaciones propias, reconocidas pero combatidas, pueden ser un privilegiado medio para comprender y acompañar a los hijos o a los alumnos en sus reticencias, dificultades o cansancios. Se trata de «luchar» junto a ellos. No tanto de ser «admirable» cuanto, sobre todo, de ser imitable.

86

Educar en la fortaleza para ser libres

No es más libre quien sólo actúa cuando «tiene ganas», sino el que consigue superar sus limitaciones. La libertad en su sentido más profundo consiste en disponer de sí mismo para el bien. Así entendida, no constituye tan sólo una meta, sino también un camino, por lo demás no siempre fácil. No se trata sólo de querer, sino de saber querer, de perseverar, de llegar a ser dueño de uno mismo y de optar por el bien.

La libertad no se corresponde con la espontaneidad del capricho o de la arbitrariedad, o con la improvisación. Hacer por sistema lo que apetece es en realidad quedar a merced de estímulos sobre cuyo origen no se ejerce dominio alguno. El comportamiento en esos casos resulta evidentemente empobrecido, lastrado por el conformismo, la falta de iniciativa y de creatividad o el borreguismo consumista. La soltura del atleta que consigue sacar el máximo partido de sus posibilidades físicas y psicológicas es fruto de un laborioso entrenamiento, de una tenaz ascesis que ha hecho posible para él lo que para otros resulta inalcanzable. Es la suya una libertad conquistada y valiosa.

Lo «natural» para el ser humano es que sus decisiones y elecciones sean fruto de su reflexión, que asuma con responsabilidad unos actos de los que efectivamente es dueño, que aporte novedades y acciones valiosas. En muchos casos el llamado «fracaso escolar» —mejor sería decir «educativo»— tiene que ver con la desgana, la incapacidad para asumir un horario regular de trabajo, para revisar los propios métodos de estudio, para terminar con esmero y puntualidad las tareas emprendidas, para encajar el contratiempo inesperado, para colaborar con otras personas, para proponerse metas de excelencia. Todo esto tiene que ver con la voluntad y, en definitiva, responde a problemas de inconstancia, de falta de resiliencia y de fortaleza moral.

Por eso es preciso formar en el niño y en el adolescente la capacidad de acometer retos y de culminar lo que se emprende, de no venirse abajo si se aplaza la recompensa, de asumir vínculos que puedan comprometer a largo plazo, de superarse a sí mismo, de actuar con honestidad y espíritu de servicio.

Todo ello implica un voluntario esfuerzo por superar las propias limitaciones y por orientar la propia vida hacia un horizonte de plenitud. Resulta fundamental en la formación de una personalidad rica en valores humanos, pero no es fácil, y el educador ha de saber manejar de manera adecuada la motivación, la paciencia y los incentivos que ayuden a los hijos y a los alumnos a iniciar y mantener su esfuerzo en esta ardua tarea educativa.

Por desgracia, en algunos ámbitos escolares existe la tendencia a entender que el educando ha de aprender sin esfuerzo alguno. Se pretende acercar así la actividad escolar a las apetencias más espontáneas de los alumnos, excluyendo (con estrategias que pretenden ser «no directivas») lo que se aparta de esas veleidosas inclinaciones, con lo cual, se consigue divertirlos pero difícilmente se logra que aprendan; y al final… acaban también aburriéndose.

No podemos eludir la necesidad de fortalecer la voluntad de nuestros hijos y nuestros alumnos si buscamos ayudarles en el desarrollo de su personalidad y su carácter. Esto nos llevará a reflexionar, entre otras cosas, sobre la conveniencia y la oportunidad de los premios y la necesidad de corregir.

87

Educar motivando: ¿premios y castigos?

LA MOTIVACIÓN ES UN IMPULSO que suscita una conducta y la mantiene, por lo que es fundamental a la hora de educar. Para educar hemos de motivar, sin duda; y la madurez estriba, entre otras cosas, en saber motivarse a uno mismo para afrontar las tareas y dificultades de la vida. La motivación, bien entendida, no está reñida con la fuerza de voluntad; al contrario: en la base de la motivación ha de estar el esfuerzo.

Pero ¿de qué depende la energía de la motivación? Abilio de Gregorio proponía tres factores: los motivos, la previsión de éxito y los incentivos, entre los que incluía el premio y el castigo o corrección.

Los *motivos* son como polos imantados que atraen y suscitan una acción, y aquí hay una amplia gama: van desde el atractivo sensible (los apetitos, lo agradable) hasta los ideales nobles. Por ejemplo, ¿por qué he de ser puntual? Por respeto a las personas, por la alegría del encuentro, por el vencimiento propio, etc. Detrás hay una energía que nos mueve para conseguir algo que nos parece bueno en algún sentido. Esto depende de muchos factores, incluso circunstanciales, pero también de un previo entrenamiento que nos ha habituado a aspirar a metas nobles, a superar obstáculos y a soportar el cansancio y la frustración.

En la infancia prevalecen sobre todo los motivos vitales y afectivos; y en la adolescencia emergen los típicos motivos de autoafirmación del yo. La aparición de motivos de apertura a la búsqueda de la verdad, al bien de las personas, al cumplimiento de un deber moral o asociados al sentido de la vida son, entre otros, rasgos de madurez personal.

La *previsión de éxito* es la percepción que se tiene de que podemos hacer lo que se nos plantea, una percepción adelantada (*pre-visión*) de que podemos lograrlo. Para ello hace falta ver clara la meta y, junto con el grado de dificultad, percibirla como asequible. El «No puedo» surge al pensar que las metas sobrepasan nuestras capacidades o porque se cuenta con una baja autoestima o una voluntad poco ejercitada en el esfuerzo.

Veamos ahora los *incentivos*. El esfuerzo que se realiza para conseguir una meta debe reforzarse para que se mantenga hasta el final. Aquí suelen entrar en juego los incentivos o las gratificaciones convertidos en refuerzos de conducta. Como nos enseñó el conductismo, pueden ser positivos (premio) o pueden ser negativos (castigo); sin embargo, sabemos que tienen un efecto motivacional más duradero y profundo los refuerzos positivos que los negativos. A este respecto, es de gran importancia la valoración justa y reconocedora del esfuerzo realizado por el educando. Suele decirse en el mundo educativo que «lo que no se evalúa se devalúa». Conductas que no se valoran terminan por extinguirse.

Pero hablemos más despacio de premios y castigos. A través de ellos se busca modelar las conductas e ir configurando el sentido de la responsabilidad, puesto que esta no es sino la toma de conciencia de que las acciones tienen unas consecuencias que hay que asumir como propias.

Ambos recursos, sin embargo, se han de administrar con claro criterio educativo, por lo que les dedicaremos algunas reflexiones más en las próximas entregas.

88

Motivar incentivando al educar: los premios

Premios y recompensas constituyen un medio para conseguir una conducta deseada, pero no es fácil emplearlos bien. Han de ser incentivos que conduzcan poco a poco a la motivación intrínseca de los niños y los jóvenes, esa que mueve desde dentro, la actitud de quien obra buscando el bien que corresponde a lo que se hace, por sí mismo y no por la recompensa que le siga.

Los incentivos vienen bien cuando falta esta motivación intrínseca y madura. Pero lo suyo es ir desapareciendo para dar paso a su tiempo al criterio personal y a la determinación de la voluntad propia. Por eso no hay que abusar de la recompensa recurriendo a ella con demasiada frecuencia. No se puede dar un premio por cualquier cosa. El mejor premio es el que se obtiene al experimentar la satisfacción del deber cumplido.

La recompensa pedagógica puede revestir muchas formas: una mirada de aprobación, un gesto cariñoso, una palabra, la concesión de un permiso deseado, un regalo, etc. En general, diremos que el más apropiado es siempre el elogio. Pero no hay que excederse en los premios y alabanzas, pues perderían eficacia y se correría el peligro de hacer al niño egoísta y calculador, acostumbrándole a obrar bien sólo con miras a la recompensa. Esta no sería ya un aliciente adicional sino el fin de la conducta, y no sería bueno.

El estímulo es siempre más eficaz que la reprimenda. A veces esta será inevitable, pero el incentivo será más eficaz si el hijo ve que se le reconocen la obra bien realizada y el esfuerzo, aunque el esfuerzo no haya sido coronado por el éxito. Un elogio correcto, justo, oportuno estimula y educa para el bien.

Algunas pautas. Hay que dar el premio prometido siempre que el niño lo gane, y evitar el extremo de no premiar nunca o de premiar en exceso y por cualquier cosa. Si en el hogar no se le dan compensaciones al niño en su obrar, tenderá a buscarlas fuera. Pero el mejor premio es el afectivo: la alabanza, el elogio y el aprecio, la estima sincera.

El premio es más eficaz si se recibe de inmediato. Si una madre alaba a su hijo por haber ordenado su habitación al poco tiempo de haberlo hecho, conseguirá que el chico la deje recogida con más frecuencia que si le elogia al día siguiente o sólo de vez en cuando. Aprender a aplazar las recompensas es un síntoma de madurez, pero en los niños lo más corriente es que necesiten recibir recompensas de modo más inmediato, y habrá que evitar, como se ha dicho, que actúe únicamente por la recompensa.

En este sentido, también es conveniente dividir la tarea propuesta en fases, y premiar y reforzar cada una con gestos adecuados. En este caso, no hay que olvidar que en educación «el éxito llama al éxito», y una meta alcanzada y recompensada impulsa a acometer otra un poco más difícil, y así sucesivamente.

Las recompensas son más importantes y necesarias cuando el niño está aprendiendo a hacer algo por vez primera. Hay que reforzar sobre todo en los comienzos, mientras el hábito se va consolidando. Una vez consolidado, el refuerzo se puede llevar a cabo más espaciadamente.

89

La motivación y la corrección: los incentivos

La formación del carácter –y más en particular de la voluntad–
es indispensable para que el niño o el joven alcance el dominio de
sí mismo. En este marco, conviene reflexionar sobre el papel y la
importancia de ciertas ayudas externas, como el premio y el castigo.

Premios y castigos han de entenderse como medios convenientes para promover la automotivación, ese impulso que mueve a la
persona desde dentro por propia decisión. En principio, es preferible siempre el premio al castigo, pero hay veces en que es preciso
corregir. Pero elogios y reproches, premios y castigos no se pueden
suministrar de forma indiscriminada, sin tener en cuenta la personalidad de los niños y de los jóvenes.

En el ámbito escolar, Hunnicut y Thomson pusieron en relación la aplicación de estos incentivos con la índole temperamental
de los alumnos, clasificados en *extravertidos* e *introvertidos*.

La conclusión a la que llegaron fue que los individuos que más
progresaban en el aprendizaje eran los alumnos extravertidos a los
que se incentivaba con castigos cuando era preciso (eran propensos
a relajarse y a obrar a la ligera en cuanto se les dejaba de exigir).

En segundo lugar, se colocaron los introvertidos, a quienes se
elogiaba cuanto iban haciendo (estaban necesitados de estima y
reconocimiento).

En cambio, descendían mucho en su rendimiento tanto los alumnos extravertidos que eran elogiados (se confiaban y distraían fácilmente) como los introvertidos censurados (eran inseguros y faltos de confianza).

Un verdadero educador no cree en los castigos, sino en la capacidad que tiene el que los recibe para reformar su conducta. Son medios que pretenden rectificar, corregir, y suelen ser eficaces para evitar conductas, y no tanto para fomentarlas (el miedo al castigo no anima a hacer el bien). Es por amor y mediante el cultivo de la virtud como se logran vencer verdaderamente los hábitos negativos. San Juan Bosco aconsejaba a sus colaboradores: «Nunca castiguéis sino después de haber agotado todos los recursos». Pero los castigos son convenientes cuando se saben aplicar bien.

Establecimiento de normas. El castigo presupone la existencia de normas. Las normas ayudan a la voluntad y a los afectos a dirigirse a lo que está bien, defienden al bien frente a la pereza, la inconstancia, la superficialidad y la malicia. La norma tiene que facilitar la adquisición del hábito, y esta la de las actitudes, valores humanos y virtudes. No olvidemos que la naturaleza humana –lastrada por las consecuencias del pecado original– tiende a lo fácil si no se ejercita oportunamente y si no encuentra el apoyo de obligaciones que mueven al cumplimiento del deber.

Las normas tienen que ser pocas y claras, se han de explicar bien y deben ser comprendidas. Las hay más esenciales, innegociables, que sostienen las prioridades del proyecto educativo familiar o escolar, y que afectan a todos, incluso al educador. Las hay también ocasionales o secundarias, acerca de las que se puede transigir en función de las circunstancias, si se considera conveniente. El incumplimiento deliberado de las normas es el que ha de ser más propiamente objeto de castigo o corrección.

90

Valor educativo del castigo: la corrección (1)

A LA HORA DE EDUCAR es necesario establecer unas normas y determinar ciertos límites de comportamiento. Es en este marco donde tiene cabida el castigo, la corrección educativa. El castigo ha de entenderse como corrección de la conducta e incentivo para la reflexión y la autodeterminación del educando; tiene valor educativo cuando contribuye directa o indirectamente a la rectificación voluntaria del comportamiento.

Los límites son inherentes a las normas, especifican lo que no se tiene que hacer. Son pautas claras acerca de lo aceptable o inaceptable, dan seguridad acerca de lo que se puede/debe y no se puede/debe hacer. Poner límites no es controlar autoritariamente a los hijos, es crear unos lazos invisibles de protección, tanto para la integridad física como la emocional. Da seguridad, como decimos. Más aún: no poner límites puede llegar a ser la mayor de las violencias, porque el hijo puede sentirse no mirado, no existente.

Un castigo o una reprimenda ha de ayudar al niño a pensar en lo que ha hecho, en por qué no hizo lo que debía y en qué es lo que tiene que hacer. Por eso ha de ser propiamente una «corrección» y ha de tener una finalidad positiva. Corregir es rectificar. El castigo sirve para cortar y corregir una conducta inadecuada, pero por sí solo no basta para obrar bien. Ha de ir precedido y acompañado por otras motivaciones e incentivos.

Todos vivimos dentro de unas normas y de ciertos límites. También el educador ha de ponerse límites y nunca ha de mostrar un comportamiento arbitrario.

Jamás nuestra impaciencia o mal humor han de traducirse en un castigo. El castigo no ha de ser motivado nunca por nuestro enfado, ya que sería recibido como una especie de venganza o desquite y nunca como una pauta educativa. Tampoco ha de ser algo así como un refuerzo del estatus del educador sobre el niño o joven para mantenerle en su sitio o para que sepa quién manda aquí. Se trata de un medio para conseguir la mejora de la conducta, nunca puede ser un medio para dejar patente el poder de los padres, ni el equivalente a un código penal familiar. De ningún modo una corrección educativa ha de ser vejatoria o humillante. Esta reacción lleva al resentimiento, no a la modificación verdadera de la conducta.

Nuestro mensaje no ha de ser nunca que él es malo, sino que hizo una cosa mala que no podemos aprobar. Y que estamos seguros de que será capaz de hacer las cosas bien y de lograr metas muy valiosas si se lo propone de verdad.

El niño ha de percibir que se busca su corrección y su bien, no su perjuicio o su humillación, y que no por ello se le deja de querer sinceramente. Hemos de hacerle ver que nos duele castigarle, y que nuestra estima por él no ha disminuido por haber tenido que corregirle. Pero esto conlleva también firmeza y entereza, mantener lo mandado.

En alguna ocasión hemos recordado a Gabriela Mistral, la gran educadora chilena: «Para corregir no hay que temer. El peor maestro es el maestro con miedo. Todo puede decirse; pero hay que dar con la forma. La más acre reprimenda puede hacerse sin deprimir ni envenenar un alma. Aligérame, Señor, la mano en el castigo y suavízamela más en la caricia. ¡Reprenda con dolor, para saber que he corregido amando!».

91

Cuando toca castigar… Algunas pautas (2)

VENIMOS HABLANDO DE LOS INCENTIVOS que han de acompañar la motivación y las pautas de aprendizaje, entre los cuales, decíamos, se hallan los premios y los castigos. Continuamos tratando de estos últimos.

Castigos y correcciones han de venir precedidos de normas o de advertencias claras y razonadas. Es fundamental que se planteen y comprendan como consecuencias naturales de las acciones, nunca como una acción arbitraria o como gesto de poder. El niño debe saber con exactitud por qué se le castiga. De lo contrario, atribuirá el castigo al capricho, a la arbitrariedad o a la mala voluntad de quien le castiga («Me tiene manía», «No me quiere…»).

Los educadores, y sobre todo padre y madre, deben estar de acuerdo a la hora de premiar y de castigar para evitar el desconcierto o el resentimiento del niño: no puede sancionar uno lo que el otro considera tolerable o incluso normal o bueno. Ambos quedarán, además, desautorizados.

Conviene aplicar la recriminación en privado, desapasionadamente y con el sincero propósito de ayudar al niño para que fortalezca su capacidad de autodeterminación. La corrección privada permite aclarar mejor las cosas, evita humillaciones públicas, casi siempre contraproducentes, y previene ante las posibles réplicas o malos modos del reprendido en presencia de testigos, lo cual podría minar la autoridad moral del educador. Por cierto, conviene que el lugar donde se aplica la corrección sea el «territorio» del educador, no el del educando, donde este se siente ambientalmente más seguro. De lo contrario se corre el peligro de que «se crezca» o desafíe abiertamente la autoridad de aquel.

La corrección ha de apuntar en lo posible a la raíz del fallo. No es lo mismo que la causa sea el orgullo, la pereza, la superficialidad, el rencor, la vanidad o el miedo, por ejemplo. Por eso es bueno averiguar por qué el niño se comportó así: si hubo malicia o simple descuido, si tenía claro lo que debía hacer y lo que podía pasar si no lo hacía, etc. A veces hay que corregir la intención, otras el modo de comportarse, otras la falta de atención o de interés…

La corrección o el castigo tienen que buscar sobre todo el autoexamen y la resolución personal por parte del niño, y por ello han de servirle para reflexionar sobre los motivos de la acción, sobre el modo de atajarlos si son inadecuados, las consecuencias que se han seguido y la forma de restituir, si es el caso, el perjuicio ocasionado…, de modo que se vaya conociendo mejor a sí mismo, que averigüe cuáles pueden ser sus defectos dominantes y que haga propósitos de mejora en el futuro.

Si el defecto dominante –la raíz de la que procede el comportamiento inadecuado– está claro, es muy oportuno propiciar la *autocorrección:* si tiende a ser impuntual, que se proponga llegar a sus citas un poco antes; si es orgulloso, que procure reprimir sus quejas; si es perezoso, que se ofrezca voluntario a tareas que le resultan algo más costosas; si está enganchado a dispositivos, que decida prescindir de la TV o de las pantallas determinados días; si negligente, que se proponga asumir la responsabilidad de aquello en lo que ha mostrado despreocupación; si áspero o displicente, que haga algún favor a una persona a la que ha ofendido o que le resulta poco simpática, etcétera.

92

El castigo educativo. Pautas (3)

EL CASTIGO EDUCATIVO O CORRECCIÓN es conveniente y eficaz si se entiende como una consecuencia que sigue a una actitud inadecuada en el educando. Persigue hacerle entender que el comportamiento adecuado y consecuente es responsabilidad suya, y siempre hemos de procurar que sea una ayuda para favorecer su autocontrol.

El castigo busca corregir la conducta inadecuada. Nunca es suficiente por sí mismo para dar lugar al buen comportamiento, ya que este no debe ni puede ser consecuencia del temor sino del aprecio por el bien y del sentido del deber. Por eso, como ya se ha dicho, el castigo ha de ir precedido de unas normas y advertencias claras y asequibles, ha de ser coherente e ir acompañado de amor, de sentido común y de firmeza. Por lo demás, como principio educativo, es preferible acudir al elogio y reconocimiento del buen comportamiento que a la sanción y la represión del inadecuado. Pero a veces será necesario corregir; tan contraproducente es el rigorismo como el permisivismo.

Hemos advertido ya que nunca nuestra impaciencia o mal humor han de traducirse en un castigo. Este nunca debe ser provocado por nuestro enfado, ya que sería recibido como una especie de venganza o desquite, como una reacción agresiva y no como una pauta educadora.

El castigo o la corrección deben ser inmediatos si se quiere disuadir de una conducta, pero conviene evitar el apasionamiento por ambas partes, ya que se pierde objetividad y se puede caer en la desproporción. Por eso, a veces, si educador y educando están bajo la presión del enfado, conviene demorarlo un poco («Luego vienes a hablar conmigo sobre esto») para pedir explicaciones, si es el caso, y exponer con calma el porqué de la sanción. Conviene que el infractor pueda explicarse con cierta calma y que esté en condiciones de valorar adecuadamente lo que hizo.

La corrección ha de ser proporcionada a la gravedad de la falta, a la intención del niño, a las circunstancias y a los efectos que puedan seguirse. Los castigos no deben ser excesivos pero tampoco insignificantes, han de suponer un esfuerzo pero tienen que ser asequibles (se deben poder llevar a cabo). Y también han de mantenerse. Es importante que el educando sepa que «lo que se dice se hace». Advertir de un castigo y luego no cumplirlo resta eficacia a la corrección y a la autoridad del educador. No tiene mucho sentido decir, por ejemplo: «Si no apruebas, te quedas sin vacaciones», si luego, por las incomodidades que el castigo vaya a acarrear, no se cumple. De inmediato, y en el futuro, el recurso a la sanción dejará de ser eficaz. Conviene, por consiguiente, ser sobrios en las amenazas (o advertencias) y firmes en la aplicación.

Firmeza, así pues, en mantener la sanción, pero también, en determinadas situaciones, flexibilidad cuando se percibe un sincero y convincente cambio de conducta. A veces, si se aprecia un cambio en los propósitos o en la actitud (arrepentimiento, dolor por lo que hizo, sincero deseo de mejorar…), se puede atenuar o levantar el castigo y manifestar nuestro reconocimiento por el cambio de disposición. Esta flexibilidad, cuando se constata la mejora de la conducta sancionada, puede convertirse en incentivo positivo para consolidar tal mejora.

93

El arte de educar y corregir (y4)

LA FORMACIÓN DEL CARÁCTER –y más en particular del criterio y de la voluntad– es indispensable para que el niño y el joven alcancen el dominio de sí mismos. Es precisamente en este marco donde conviene reflexionar sobre el papel e importancia de ciertas ayudas externas como el premio y el castigo, como venimos haciendo. La educación no es una ciencia exacta, es más bien un «arte», un saber hacer que se aprende haciendo. Y uno de sus aspectos más difíciles es precisamente saber aplicar premios y castigos, sobre todo estos últimos.

Ni unos ni otros deben aplicarse de forma indiscriminada, sin tener en cuenta la personalidad de cada niño o joven. Dicho lo cual –sobre todo en un mundo permisivo y cargado de emotivismo–, hay que aceptar como norma general ser claros en las normas y firmes en la aplicación de las correcciones o castigos. Si unas veces se castiga una acción y otras se tolera o incluso se aprueba sin razón, la valoración de la conducta no quedará clara, y el educador perderá autoridad, dejará de inspirar certeza; el niño pensará que actúa por su estado de humor y no según el valor de los principios o normas, llegará a incubar rencor y buscará «coger la vuelta», vengarse o engañar a padres y educadores.

Hay que dejar claro que es su conducta inadecuada la que nos enfada y disgusta, pero que, como persona e hijo o hija, le segui-

262 Repensando la educación

mos queriendo igual. Hay que desterrar las descalificaciones del tipo: «¡Ya sabía que lo ibas a hacer mal!» o «¡Eres un inútil!». Tenemos que intentar evitar los castigos colectivos (suele darse a veces en el ámbito escolar) porque generan resentimiento en quienes no han cometido directamente la falta. Y lo mismo puede pasar si esto acontece en el ámbito familiar, entre hermanos. Es importante que estemos atentos a las buenas conductas para reforzarlas y alabarlas con frecuencia. En algunas ocasiones, les reprendemos y nos olvidamos de reconocer las cosas bien hechas y la buena intención, motivo por el cual los educandos pierden ilusión y se produce el consiguiente descenso de su autoestima.

Por otra parte, es preciso rectificar si en alguna ocasión nos hemos equivocado al imponer un castigo, e incluso pedir perdón por ello. Conviene que el ejercicio de la autoridad no se base en una imposición a ultranza, sino en el deseo de ayudar de verdad al crecimiento moral del educando.

A medida que vayan creciendo los hijos, los castigos habrán de ir disminuyendo y, ley de vida, aumentando las orientaciones educativas, el diálogo y el intercambio de criterios y pareceres.

Pero hay un tipo de incentivo que no debe desaparecer nunca; antes bien, debe convertirse en la más fecunda y útil forma de motivación: el ideal. Los ideales son bienes nobles y altas aspiraciones que impulsan a mejorar el mundo y a uno mismo. Son imprescindibles, porque el ser humano es un ser de proyectos que necesita ilusión para buscar el bien. Al principio los ideales y metas pueden ser propuestos por el educador; más tarde, cuando se va madurando, la persona hace suyos determinados valores e ideales, que vienen a ser una fuente de sentido y su motivación más noble. Proponer a los jóvenes un gran ideal es el mejor instrumento para formar en ellos una mirada amplia, generosa, valiente, perseverante. Se ha llegado a decir que «Si a un joven se le pide poco, no da nada; pero, si se le pide mucho, da más de lo que se le pide» (Timon David).

94

Educar la responsabilidad de los niños (1)

HAY UNA RESPONSABILIDAD que es inherente al libre albedrío que posee toda persona, algo así como la otra cara de la moneda. Consiste en el dominio que tenemos sobre nuestras acciones voluntarias y sus consecuencias. Por eso podemos y debemos «responder» de ellas, porque esas acciones las hemos elegido nosotros pudiendo haber elegido otras, y respondemos de ellas como propias. Implica tener que hacerse cargo del contenido y de las consecuencias de tales decisiones tomadas libremente. Y, así, la responsabilidad acerca de una acción buena es lo que llamamos *mérito*, mientras que si es acerca de algo malo se llama *culpa*.

Somos responsables, para bien o para mal, de lo que elegimos y decidimos. Y si elegimos una acción, una tarea, un modo de tratar a una persona, etc., pero no nos queremos hacer cargo de las consecuencias que ello traiga consigo, no podemos decir que hemos elegido de verdad. Eso es lo que solemos llamar *libertinaje.* No somos libres *de verdad* –moralmente– si no somos dueños de nuestras acciones y decisiones y de sus consecuencias, y no buscamos con ellas el bien. Es lo que diferencial al hombre libre del libertino.

Pero hablamos también de la responsabilidad en otro sentido, no del todo extraño al anterior. Por ejemplo, cuando decimos que una persona es una *irresponsable* por no atender al cumplimiento de sus obligaciones: un médico negligente, un profesional poco competente, un político que no ha pensado en la repercusión de sus decisiones, etcétera. Y lo mismo decimos de un niño o de un joven que no cumple con sus deberes domésticos o escolares, que no cuida de sus hermanos más pequeños, que no mide las repercusiones de su modo de actuar (por ejemplo cuando juega con el fuego o con el gas, cuando no asume ningún tipo de tarea en el hogar, etc.)

A una persona *responsable*, por el contrario, no dudamos en encomendarle ciertas tareas de importancia porque se ha hecho digna –merecedora– de nuestra confianza. Estamos seguros de que tomará con el mayor interés y esmero lo que se le encomienda, que lo atenderá del mejor modo posible, etc. Este tipo de «responsabilidad» es un valor humano –una virtud, o más bien un conjunto de virtudes– con gran importancia en educación, sobre todo en la formación integral de niños, jóvenes e incluso de adultos. Es uno de los ingredientes principales de la madurez del carácter, de una personalidad valiosa. En este sentido se ha llegado a definir la educación como una *ayuda para que los niños y jóvenes sean personas en quienes se pueda confiar.*

A menudo escuchamos a padres o madres: «Quiero que mi hijo, que mi hija, sea feliz», pero piensan que esto se logra evitándole cualquier dificultad, anticipándose a sus deseos, dándole todo o casi todo lo que pide o cediendo ante cualquier resistencia o contrariedad. Y, así, toman las decisiones por él, excusan su conducta, hacen sus deberes escolares o cuidan en exceso sus necesidades personales. Les ahorran las consecuencias de sus errores y negligencias, y con ello ciertas frustraciones a corto plazo, pero les hacen más vulnerables y dependientes, les encaminan hacia frustraciones más difíciles de afrontar y para las que se verán sin fortaleza ni confianza en sí mismos. Se les impide que lleguen a ser «personas responsables».

95

Elogio de la responsabilidad (2)

Es PRECISO –PORQUE HOY SE ECHA en falta muy a menudo– hacer un elogio de la responsabilidad como objetivo educativo. Nos hallamos frente a uno de los valores humanos o virtudes cruciales en la educación de la personalidad. Ser una persona responsable marca la diferencia entre una vida mediocre y una vida que mira a la excelencia. En esta prima el deseo de orientarse al bien y difundirlo –cayendo en la cuenta de que «el bien que yo no haga se queda sin hacer»–, el afán de dejar este mundo mejor de lo que lo hemos encontrado y de perfeccionar el propio carácter para poder aportar lo mejor de uno mismo a los demás.

La responsabilidad no surge espontáneamente. Por ello, uno de los objetivos principales que debemos plantearnos los padres y educadores es que nuestros hijos o nuestros alumnos vayan integrándose de manera responsable en los diversos ámbitos de la vida, empezando por el escolar y el familiar: que sean capaces de cumplir con sus obligaciones, de asumir compromisos, de ayudar a otras personas en sus dificultades, de aportar iniciativas para el bien común.

Ser responsable no sólo es cumplir lo que se nos manda. Eso sería mera obediencia (que no es poco); ser responsable es algo más: significa tomar la iniciativa, esmerarse, saber elegir y decidir por uno mismo con todas las consecuencias. Requiere pensar bien antes de hacer algo, no eludir compromisos, acometerlos de la mejor manera posible y ser conscientes de que nuestras elecciones y decisiones tienen consecuencias que repercuten en los demás, consecuencias que, por tanto, tenemos que asumir.

Una persona responsable no se conforma con obedecer y *cumplir* las reglas, ni con satisfacer los «mínimos». Frente a la *ley del mínimo esfuerzo* muestra aceptación activa, diligencia y esmero: toma lo que se le encomienda como tarea propia y busca la mejor solución posible; hace suya la voluntad o la necesidad de quien se la demanda. No suele poner excusas ni se queja habitualmente. Por su deseo de hacer las cosas bien y por su capacidad de iniciativa, pone los fundamentos de una verdadera creatividad, la de quien, en lugar de poner pegas, las resuelve lo mejor posible. No rehúye tareas que repercuten en beneficio ajeno, haciéndose digno de la confianza de los demás porque lo que hace procura hacerlo bien –lo mejor posible–, con iniciativa y con esmero.

Es esa persona que «tira del carro» cuando los demás le necesitan, porque toma el bien de los demás como si de ella misma dependiera. Y esto caracteriza de manera primordial a una persona madura y positiva. Todos alabamos y agradecemos en los demás una servicialidad que va de la mano de una competencia profesional o técnica.

Si queremos educar a nuestros hijos o a nuestros alumnos en la responsabilidad, hemos de fomentar en ellos una capacidad de autoexigencia que los lleve a no pactar con la vulgaridad, con la negligencia, con la pereza o con la superficialidad. Librarles de las dificultades o de los sinsabores, realizar las cosas que por su edad debieran llevar a cabo por sí solos es una manera segura de hacerlos débiles, indecisos y, en definitiva, de frenar su desarrollo personal. Encanijarles.

96

Educando en la responsabilidad (3)

APRENDER A TOMAR DECISIONES de forma paulatina ayudará al niño o niña a afrontar sus necesidades y a darse cuenta de las necesidades de los demás. Para ello, a partir de los dos años y medio, más o menos, conviene crear un ambiente en el que los niños puedan tomar algunas decisiones que les afecten: elegir juegos, ropa, qué libro quiere que se le lea, qué desea merendar, qué fruta quieren y otras pequeñas acciones de su vida cotidiana, etc. Una vez hecha la elección, la debe llevar hasta el final, acabando lo que empezó, y no se le deben permitir conductas caprichosas.

Es preciso empezar tempranamente con tareas adecuadas y aumentar paulatinamente la dificultad, según avanzan en edad: al principio, seguir las rutinas establecidas (lavarse los dientes, asearse antes de sentarse a comer, recoger los juguetes al terminar los juegos, dejar las cosas en su sitio, ayudar a poner la mesa...); asegurarse de que cuidan bien sus cosas y procuran no perderlas; a medida que avanzan, iremos encomendándoles tareas concretas (recoger la mesa, encargarse de poner el lavavajillas, ayudar a sus hermanos pequeños a vestirse, hacerse la cama...), y más tarde pedirle que proponga iniciativas para la vida familiar (participar en la programación de las actividades para el fin de semana, ideas para el álbum de fotos familiar, etc.).

Las tareas escolares tienen valor, sobre todo, porque ayudan a ejercitar la responsabilidad y a crear rutinas de trabajo en casa.

Los padres deben marcar un horario y apreciar si es suficiente o no, si conviene hacer breves descansos, si el niño es puntual o se relaja en exceso, si se centra o se distrae con otras cosas... No conviene que sean los padres los que le «hagan los deberes», y no deben facilitarle en exceso las soluciones, sino que deben animar a que pregunte al profesor y aprenda a resolverlos por sí mismo. Es conveniente ponerse de acuerdo con el profesor o profesora acerca del cumplimiento de las tareas desde el principio.

Para que vaya madurando en estos aspectos no hay que evitarle esfuerzos; tiene que aprender a resolver los problemas para los que esté capacitado y a pedir ayuda cuando es realmente necesario, contando siempre con el apoyo emocional de sus padres y maestros pero aprendiendo a ser protagonista. En general, se trata de no dárselo todo hecho, de que aprenda a conseguir metas algo difíciles por medio de su esfuerzo. Es muy importante reconocer, valorar y felicitar por todos los avances que se observen en el proceso.

Conviene que aprenda tempranamente a valorar y cuidar el orden, a obedecer las normas; debemos fomentar y alentar el gusto por el trabajo bien hecho, propiciar el autocontrol para que se acostumbre a dominar caprichos y a sobrellevar con buen ánimo estados y situaciones de frustración. No hay que dejarle tomar decisiones movido por las ganas y desganas, pues ello conduce a que la pereza domine su carácter.

Si se equivoca o precipita al elegir o decidir, conviene que experimente las consecuencias de su elección, aplicando, si es el caso, una corrección adecuada. Le servirá para ser más reflexivo y valorar aspectos positivos y negativos de lo que vaya a elegir. En todo caso, padres y educadores tenemos que estar cerca para ayudarles a tomar sus decisiones y a reflexionar antes y después de realizarlas[1].

---

1. Agradezco especialmente a la profesora Mariví Moreno, maestra de Educación Infantil, sus aportaciones.

97

Asumir responsabilidades concretas (4)

ES PRECISO ENCOMENDAR RESPONSABILIDADES a los hijos o alumnos para que aprendan poco a poco a pensar, decidir y actuar por propia iniciativa, ponderando el contenido y el valor de lo que se hace y sus consecuencias, y preocupándose por resolver eficazmente los problemas y las necesidades de los demás.

Se trata de proponer tareas accesibles que lleven a saborear el éxito y la satisfacción por lo que se hace bien y por el cumplimiento de las obligaciones y deberes. Serán, normalmente, tareas domésticas concretas o encargos en el aula de los que tendrá que responder.

En los primeros años se tratará de que los niños adquieran determinados hábitos y de que la costumbre facilite posteriormente –a partir de los siete años más o menos– la toma de decisiones personales con cierta reflexión y voluntariedad. Así, a los niños pequeños conviene presentarles ocasiones para tomar algunas decisiones, proponiéndoles elecciones que entrañen poco riesgo y ayudándoles con pautas que faciliten la elección. Al principio bastará proponer dos posibilidades, por ejemplo: «¿Qué prefieres llevar al parque: el balón o la bici? ¿Qué ponemos de postre: manzana o yogur? ¿Qué jersey quieres ponerte: el rojo o el azul? ¿Qué te parece que le compremos a tu hermano: un juguete o un *puzle*?»…

Más adelante se pasará a presentarles tres o más alternativas y, cuando elijan, se les pedirá que indiquen el porqué de su decisión. Razonar las decisiones les ayudará a no obrar de un modo caprichoso o impulsivo. Es bueno que el educador les nombre temporalmente encargados de alguna tarea; que los padres pidan sugerencias a los hijos para resolver alguna situación cotidiana a su alcance y que vayan participando paulatinamente en otras decisiones familiares, mientras observan cómo los padres sopesan ventajas e inconvenientes, cómo valoran riesgos, criterios morales o de otro tipo…

El afecto y el ejemplo de padres y hermanos será el mejor estímulo, y los límites y normas que se marcan en el hogar son un buen libro de instrucciones. Es preciso no sustituirles en lo que puedan hacer por sí mismos, animarles a que piensen las cosas antes y después de hacerlas, pedirles cuentas de lo que han hecho, que se preocupen por los demás y que vayan tomando conciencia poco a poco de que el bien que ellos no hagan se quedará sin hacer.

Conviene explicar en lo posible la razón o el propósito de lo que se les encomienda y el modo en que tienen que hacerlo. También las consecuencias que se seguirán de hacer bien y de hacer mal lo que se les encomienda. La claridad en este punto es fundamental; es preciso conocer las reglas para saber lo que se tiene que hacer y cómo, y para comprender por qué se ha actuado bien o mal.

Será bueno que desarrollen la iniciativa y la constancia por medio de algún tipo de *hobby* o afición que requiera actividad, y no lo es en absoluto el recurso habitual a la televisión, la táblet, el móvil… ya que esto conduce a la pasividad y a la superficialidad.

No nacemos responsables. Se aprende a ser responsable ejercitando la constancia, la paciencia, el esmero, la generosidad, la sensibilidad hacia las necesidades de otros y, en definitiva… asumiendo responsabilidades concretas.

98

Si cada uno limpia su trozo de acera, la calle estará limpia

Los PADRES Y EDUCADORES DEBEN educar gradualmente en la capacidad de esfuerzo y la responsabilidad, evitando actitudes permisivas a la vez que el rigorismo.

El niño, la niña, tiene que saber lo que debe o no debe hacer, así como las consecuencias de incumplir lo acordado.

Es imprescindible dictar las normas desde el afecto, formulándolas de manera positiva, a ser posible, no siempre a modo de prohibiciones (que en ocasiones también deberán darse y quedar claras), motivándolas según la edad y disposición del niño, con el fin de que comprenda los motivos y para que piense y decida por sí mismo, y no actúe sólo por miedo al castigo.

En una conducta responsable, lo adecuado es que lo que se encomienda se realice con diligencia pero sin precipitación, con puntualidad y con esmero, sin descuidar los detalles. Es clave centrarse en la tarea, no andar disperso o distraerse cuando se efectúa (por eso es importante, por ejemplo, que haya orden y tranquilidad en el lugar y durante los tiempos dedicados al estudio y el trabajo personal). Cuando el trabajo o la tarea haya concluido, ha de informarse enseguida a quien lo encomendó o a quien lo supervisa: si se ha cumplido el objetivo o han surgido dificultades, incidencias…; y, si ha surgido algún problema, no limitarse a exponerlo, sino insinuar soluciones a quien tiene que decidir.

Suele decirse, con razón, que, «en educación, lo que no se evalúa se devalúa», por eso hay que valorar el modo en que desarrollan su trabajo, sin impedir que, llegado el caso, puedan experimentar sus limitaciones e incluso posibles equivocaciones, con la
finalidad de que adquieran experiencia y criterio por ellos mismos.
En este sentido, conviene no privarles de padecer las consecuencias
desagradables de sus acciones por falta de atención, de interés o
por precipitación (gastar la paga sin criterio, no hacer a tiempo las
tareas, mentir, dejarse llevar por la pereza o el egoísmo…)

Al corregir hay que tener en cuenta las circunstancias y la intención, conviene hacerlo con firmeza pero sin humillar al niño,
buscando más la causa que la culpa –aunque, si la ha habido, conviene señalarla–, aclarando que es su conducta inadecuada la que
nos disgusta pero que le seguimos queriendo igual y que confia-
mos en sus posibilidades de mejora.

El educador no ha de olvidar el reconocimiento positivo, y
debe felicitar y mostrar satisfacción acerca de lo bien hecho, valorando también la intención y el esfuerzo. Conviene que estemos
atentos a las buenas conductas, para reforzarlas y alabarlas con
frecuencia. A veces nos olvidamos de reconocer las cosas que han
hecho bien y sus buenas intenciones. Estos descuidos matan la ilusión por hacer nuevas tareas, y se produce en el niño o en el joven
un lamentable descenso de su autoestima.

Los educadores somos modelos insustituibles en el proceso de
adquisición de hábitos responsables; por ello hemos de mostrar
ejemplo de autoexigencia personal, de alegría por el cumplimiento
de las obligaciones y de preocupación sincera hacia las necesidades
de otras personas.

Este es un capítulo esencial en la formación de la personalidad.
No olvidemos que, si cada uno limpia su trozo de acera y afronta
sus responsabilidades con decisión, estaremos cambiando el mundo: la calle estará limpia.

99

La golondrina y la gota de agua

En alguna ocasión anterior hemos afirmado que la reflexión, la responsabilidad y la constancia son cimientos básicos y manifestación de una personalidad equilibrada y madura, la cual ha de ser siempre el principal objetivo de la educación. El cultivo de estos valores humanos diferencia al verdadero educador respecto del mero docente, al maestro de vida del simple enseñante.

La persona madura es la que piensa por sí misma, decide por sí misma y actúa por sí misma orientando su vida a la verdad, al bien, a la justicia, al amor y a la belleza. Acerca de la reflexión y la responsabilidad hemos venido hablando detalladamente en aportaciones anteriores. Nos referiremos ahora, brevemente, a la constancia.

En tiempos «líquidos», en los que la comodidad, la mediocridad, la prisa y el emotivismo configuran la mentalidad dominante, lo más frecuente es venir a caer en la superficialidad y en la inestabilidad. En cambio, decir *constancia*, en relación con la formación del carácter y la personalidad, es decir *estabilidad, firmeza, equilibrio, perseverancia, paciencia, resistencia a la frustración*.

La constancia viene a ser la manifestación más luminosa y fiel de la virtud cardinal de la fortaleza. Si la fortaleza consiste en la disposición de afrontar y soportar las dificultades, la constancia propiamente nos muestra la solidez de quien se mantiene en esa disposición más allá de los primeros arranques e ímpetus, o de las ocasiones aisladas ante un peligro puntual. De un arranque aislado casi todos somos capaces, pero de mantenernos cuando sobrevienen el cansancio, la rutina, el fracaso o el paso mismo del tiempo, ya lo son muchos menos.

Como decía Aristóteles: «Una golondrina no hace verano, o un solo día hermoso; de igual modo, un solo día o una temporada de felicidad no bastan para hacer dichoso a un hombre». Muchas veces ponemos interés y buena intención en realizar algo costoso, pero la dificultad, el ambiente hostil, los comentarios de desaliento de otras personas o el aplazamiento de la solución al problema nos inducen a abandonar. Muchos jóvenes, muchas personas en general, son generosos. Realizan en ocasiones incluso heroicidades de cierto calibre, pero sólo a ratos. Les falta la serena y firme constancia en la generosidad que forja personalidades maduras, estables, consistentes.

Es fácil empezar y hacerlo con fuerza, pero mantenerse firmes y perseverantes hasta el final está en las fronteras del heroísmo. La perseverancia es virtud fundamental, cimiento de una personalidad valiosa y estable. Se ha dicho que la constancia es la mejor fragua de la madurez. Su necesidad nace de una luminosa realidad: suple muchas cualidades, pero no se suple con ninguna.

Por eso, frente a una «pedagogía del confort» y del «sin esfuerzo», de una espontaneidad sin rumbo fijo, que llevan a un «pensamiento débil» y a la proliferación de personalidades inconsistentes, es necesario insistir en que una de las tareas más importantes en la formación del carácter y de una rica personalidad es el hábito de la perseverancia, seguir a pesar de la dificultad, la superación y la firmeza ante las adversidades y cansancios. «La gota de agua no horada la roca por su fuerza sino por su constancia», escribía el poeta Ovidio.

100

El valor de la perseverancia

La constancia es un valor humano que puede suplir muchos talentos, ingrediente necesario en la consolidación de todo hábito positivo, en toda virtud genuina. Sin embargo, no lo puede suplir ningún otro valor. La generosidad, el respeto, la paciencia, la resistencia a la frustración, la responsabilidad, el esmero en el trabajo, la compasión… toda virtud, en fin, se adquiere mediante la reiteración de actos a impulso de una voluntad persistente.

Por eso, si queremos que una persona consolide y saque a la luz su mejor versión, es importante ayudarle para que actúe de forma perseverante y persistente.

Es conocida aquella fábula en la que dos ranas cayeron en un recipiente de nata y empezaron a hundirse. Al principio, las dos patalearon en la nata para llegar al borde del recipiente, pero era inútil: sólo conseguían chapotear y hundirse cada vez más. Una de ellas exclamó: «No puedo más. Es imposible salir de aquí. Y ya que voy a morir no veo por qué prolongar este sufrimiento. No tiene sentido morir agotada por un esfuerzo estéril». Dicho esto, dejó de patalear y se hundió con rapidez.

La otra rana, más persistente, se dijo: «¡Uff… parece imposible; sin embargo, mi familia y mis amigos me esperan; mientras pueda, no debo dejar de intentarlo». Siguió chapoteando en el mismo lugar durante un buen tiempo y…, de pronto, de tanto patalear y batir las ancas, la nata se fue convirtiendo en mantequilla. Sorprendida, la rana dio un salto y llegó hasta el borde del recipiente. Una vez fuera, pudo regresar a casa croando alegremente.

El esfuerzo perseverante no es la virtud suprema, ciertamente, pero sin él no puede arraigar en el carácter ningún valor humano de envergadura. No obstante, y más aún en tiempos o en ambientes de permisividad o de hedonismo –de aprecio excesivo del placer y de la comodidad–, el esfuerzo y la constancia se convierten de por sí en virtudes esenciales.

Se ha puesto de moda el término *resiliencia*, que vendría a significar más o menos lo mismo que la virtud de la fortaleza. Hablamos en el fondo de un valor humano decisivo para la formación del carácter y para contar con personas capaces de afrontar dificultades y adversidades, en quienes se pueda confiar para encomendarles responsabilidades, liderar grupos, sostener proyectos... Es también una clave importante para la educación emocional, puesto que conlleva autodominio y es fuente de serenidad, de estabilidad y de equilibrio.

Si queremos enriquecer nuestro carácter, y mejorar nuestras actitudes y comportamientos, es preciso luchar con perseverancia para corregir nuestros defectos. La nuestra es una naturaleza «herida» (son las consecuencias del pecado original, que tantos pensadores y pedagogos han constatado, atribuyéndolas a los más diversos factores y llegando a malentenderlas en muchos casos; Rousseau, por ejemplo, las refería a la vida en sociedad y a la propiedad privada). Por ello, es preciso el esfuerzo permanente y la apertura a la gracia divina para reconducir nuestra vida al bien, a la verdad y a la belleza, en lucha paciente contra nuestro defecto o defectos dominantes y fomentando la virtud de manera perseverante.

Aquí encaja muy bien la afirmación de Viktor Frankl: «Quien tiene un para qué encontrará y podrá soportar el cómo». No se trata de no caer, sino, cuando se tiene un «para qué», de *no cansarse nunca de estar siempre empezando.*

101

Urdimbre de una personalidad valiosa

EL FIN BÁSICO DE UNA EDUCACIÓN integral de la persona es desarrollar un carácter maduro, estable, fundado en virtudes, en hábitos que aportan entereza, generosidad, responsabilidad, amabilidad, hondura de pensamiento, honestidad... Es preciso fomentar para ello una creciente unidad interior, acorde con el orden y jerarquía de las capacidades naturales del ser humano y fruto de un efectivo autodominio personal.

Platón distinguía dos clases de valentía: el coraje de emprender y el coraje de perseverar, y consideraba este último –cuando se orienta al bien– la coronación de la *paideia,* de la educación. Ciertamente, la constancia, la perseverancia en el bien, configura la urdimbre psicológica y moral de una personalidad valiosa.

La perseverancia entraña espíritu de superación permanente, prontitud, asiduidad y regularidad en el trabajo personal y en la actividad colectiva; firmeza en las propias convicciones y compromisos y en la dedicación y organización del propio tiempo. Implica poner los medios precisos para llevar a cabo las propias decisiones y alcanzar lo que uno se ha propuesto, a pesar de que puedan surgir imprevistas dificultades o pérdidas de motivación.

Se trata, en fin, de concluir bien lo que se ha emprendido. Decía Víctor Hugo que es en la continuidad, en la perseverancia en la búsqueda del bien, donde se reconoce a un alma grande.

Con el tiempo, muchas piedras extraordinariamente duras, al ser arrastradas por la corriente del río, acaban por pulir sus aristas y convertirse en cantos rodados, de superficie fina y formas redondeadas y suaves. Seguramente conocemos a personas, famosas o no, a quienes las dificultades les han ayudado a pulir su carácter, a forjar una rica personalidad, a vencerse a sí mismas y superarse: en el deporte, el trabajo, ante las dificultades o calamidades a que a veces trae la vida…

¿Y cómo forjar este valor humano tan importante? Veamos algunas pistas:

1. Entusiasmarse con ideales que alienten e impulsen a mejorar, a superarse y a coronar el esfuerzo personal.

2. Querer pocas cosas pero de verdad. No hace falta tener ideas geniales, pero es imprescindible que las que uno tenga las realice. La sabiduría popular nos advierte de que «el que mucho abarca… poco aprieta».

3. No fantasear: realismo, no dejarse transportar por la imaginación, distrayéndose. Centrar nuestra atención en lo que estamos haciendo en el momento presente. «A cada día le basta su afán».

4. Asistir puntuales a los compromisos y actividades, con asiduidad y regularidad, afrontar las tareas y deberes sin dejarse llevar de las ganas y las desganas.

5. Terminar con esmero las actividades que se emprenden, apreciar el trabajo bien hecho, no por perfeccionismo sino como una mejor manera de ofrecer un servicio y un beneficio a otras personas.

6. Paciencia, no desesperanzarse ante las dificultades. Volver a empezar, sin cansancio, tras los posibles fracasos o en medio de las contrariedades.

7. Tomar como modelos de conducta a personas que destaquen por su constancia y capacidad de superación; ayudarse de personas que a través de la exigencia y del afecto nos estimulen a vencernos a nosotros mismos para «sacar nuestro mejor yo», y a reavivar nuestro empeño si caemos.

Un ejemplo concreto: cultivar tempranamente el hábito lector frente al abuso de pantallas y dispositivos diseñados sin rodeos para engancharse a la inmediatez, para cambiar constantemente y en el fondo para fomentar la inconstancia y la superficialidad.

102

Demóstenes o la superación

U<small>N RECURSO EDUCATIVO DE PRIMERA</small> importancia es contar con modelos que nos sirvan de inspiración, que nos estimulen a crecer, a hacer mejor las cosas…, y a perseverar en el camino del bien. La influencia de los ejemplos vivos es muy superior al mero razonamiento. No se trata solamente de ilustrar los principios teóricos para el comportamiento sino de que, al ver que otros los viven gozosamente —sobre todo si se trata de personas reales a las que conocemos o de personajes históricos, que han existido de verdad— se muestran alcanzables y atractivos a la vez.

Sus discursos, después de dos mil quinientos años, son un modelo que deben estudiar quienes desean destacar en la elocuencia. Dicen que fue el mejor orador que jamás ha existido; según Cicerón, fue el orador perfecto. Si efectivamente fue así, resulta que Demóstenes, el mejor orador de todos los tiempos…, era tartamudo.

Siendo aún niño, asistió a un juicio y oyó el discurso del defensor y, cuando el pueblo acompañaba en triunfo al orador, decidió dedicarse también a la elocuencia. Pero la tarea no era nada sencilla. Contaba con una gran limitación: su tartamudez.

Su complexión física, por otra parte, no le había propiciado una gran capacidad pulmonar, esencial para dirigirse a grandes auditorios

La primera vez que intentó hablar en público fue un desastre. A la tercera frase lo interrumpieron los gritos de protesta. Las burlas acentuaron el nerviosismo y el tartamudeo de Demóstenes, quien se retiró entre los abucheos sin siquiera terminar su discurso.

Cualquier otra persona hubiera olvidado sus sueños para siempre. Fueron muchos los que le aconsejaron que desistiera de tan absurdo propósito, pero, al parecer, un anciano amigo le dijo:

–Creo que aún puedes hacer realidad tu anhelo.

–¿Con esta lengua y estos pulmones? –dijo mientras se le trababa la voz.

–Sin duda. Más importante que la lengua es tu voluntad. Vuelve a empezar, insiste, lucha tenazmente contra tus defectos… La constancia te traerá el éxito.

Demóstenes intentó aceptar la frustración del momento como un acicate, y se embarcó en la aventura de superar las adversidades. Se afeitó la cabeza para resistir la tentación de salir a la calle y perder el tiempo. Día a día se concentraba en su formación. Corría por la playa gritando con todas sus fuerzas por encima del oleaje para ejercitar sus pulmones. Se ponía piedrecillas debajo de la lengua y sujetaba un cuchillo entre los dientes para forzarse a hablar claro y sin tartamudear. Al regresar a casa se paraba frente a un espejo para mejorar su compostura y sus gestos. Cuando tenía ocasión acudía a escuchar las argumentaciones de oradores aclamados.

Así pasaron meses y meses, antes de reaparecer de nuevo defendiendo con éxito a un fabricante de lámparas a quien sus ingratos hijos le querían arrebatar su patrimonio. En esta ocasión, la seguridad, la elocuencia y la argumentación de Demóstenes fueron ovacionadas por el público hasta el cansancio. Demóstenes sería posteriormente elegido embajador de la ciudad, Atenas.

Demóstenes era tartamudo, ciertamente. Pero remedió sus limitaciones con ayuda de un duro y exigente entrenamiento.

Conocer historias de superación personal como esta, en las que la perseverancia ha sido decisiva, puede ser un valioso aliciente para adquirir hábitos valiosos, animarse a vencer algunas limitaciones o incluso defectos de carácter. Y no sólo los más jóvenes...

103

Conocimiento, competencias, ideología y mediocridad

TODAS LAS LEYES EDUCATIVAS –al menos desde la ley Moyano (1857) hasta las últimas– consideran la educación integral como un objetivo de la educación en sus etapas obligatorias. Es decir, que se busca dotar a todos los alumnos de las herramientas necesarias para desempeñarse en la vida activa, lo cual implica necesariamente el dominio de una serie de conocimientos, habilidades (competencias), hábitos y valores.

Se pretende en la actualidad (cuando menos de palabra) que el currículo escolar asuma todas esas dimensiones si quiere responder a la complejidad de la actual sociedad, adecuándolo a las circunstancias cambiantes y a las expectativas de cada momento. Pero una educación de veras integral no es tanto una educación que cultiva *todos* los ámbitos del conocimiento y la actividad, como la que fomenta *la unidad* interior de la persona y su *maduración* mediante todos ellos.

En 1996 se publicó el denominado «Informe Delors» para la Unesco, titulado *La educación encierra un tesoro*, en el que se planteaban los cuatro pilares de la educación del siglo XXI: *aprender a conocer, aprender a hacer, aprender a ser y a convivir.* La educación debía incluir, sin exclusión, el aprendizaje de conocimientos y los basados en destrezas, actitudes, hábitos y valores.

Pero las «expectativas del momento» priorizan hoy las «competencias o desempeños», las habilidades, el *saber hacer*. Así se muestra en la importancia que «organismos expertos» otorgan a los *factores no cognitivos en el rendimiento escolar*, y que bajo expresiones como «desarrollo personal, social y profesional», suelen presentarse entre nosotros como *superadores del aprendizaje de conocimientos*, como si diera lugar no a la valoración del mérito, la capacidad y el esfuerzo personal, sino a una segregación conducente a la desigualdad social.

La actual política educativa y lo que Inger Enkvist llama «la nueva pedagogía» apuestan, así, por una educación abiertamente «no cognitiva», que consideran «revolucionaria y progresista», inclusiva, feminista, orientada a un mundo globalizado y cambiante, conducente a la implicación social y orientada al tejido productivo, a la participación y la transformación social.

En un análisis llevado a cabo por Borghans y Schils (2012) sobre los resultados de PISA —esa auditoría educativa realizada por la OCDE que viene mostrando tozudamente algunos agujeros de la «nueva pedagogía»— constataron que, además del empeoramiento general de los resultados, algunos alumnos tienden a responder peor que otros en las últimas preguntas, mientras que otros perseveran respondiendo con la misma intensidad y empeño que al inicio de la prueba. Además constataron que este factor no estaba relacionado con el nivel de la competencia lectora, matemática y científica evaluadas directamente, y vincularon el decaimiento en el interés y en el empeño con factores no cognitivos que repercuten sobre el rendimiento futuro y el desarrollo personal y profesional.

Entre nosotros, Balart y Cabrales (2014) denominaron a este factor con el término *perseverancia*, y verificaron que España puntuaba en este factor significativamente por debajo de la media de la OCDE. Advirtieron también diferencias significativas entre las comunidades autónomas, lo que llevó a concluir que un mismo sistema educativo, el español, obtiene diferentes resultados no solo en las destrezas cognitivas sino también en valores humanos como la mencionada perseverancia.

Dice el profesor Ignacio del Villar que nuestra educación está lastrada de ideología y mediocridad… Razón no le falta.

104

¿Segregamos?

LA UNIVERSIDAD SE QUEJA, seguramente con razón, de que el nivel con el que llega el alumnado de Bachillerato es cada vez más bajo. Se habla incluso de la posible extensión de la enseñanza obligatoria hasta los 18 años. Pienso que el problema no es la extensión de la escolaridad obligatoria a los actuales 16 o a los 18. Es que obligamos a una talla única para todos y decimos que es lo democrático.

Lo democrático —lo justo— es, más bien, ofrecer a los alumnos lo que puedan estudiar, lo que necesiten y quizá lo que quieran. Pero que de verdad estudien y aprendan. Si un alumno en 3.º de Primaria no lee de manera fluida y con comprensión, irá de mal en peor, estará sufriendo al ver que los demás entienden y él no, y su frustración puede dar lugar a comportamientos de desánimo, de agresividad o ambas cosas a la vez.

Se pretende que todos reciban «la misma educación» para que no existan segregaciones y desigualdades. Y se piensa que todos aprenderán lo mismo si están juntos en el mismo escenario educativo atendidos por el mismo profesor… Pero si en un grupo con 25 o 30 alumnos muchos necesitan tareas, actividades, textos o estrategias didácticas diferentes por varias razones (dislexia, dificultad de concentración, problemas físicos y psíquicos, distinta procedencia o niveles de estudios previos, altas capacidades, etc.) esto no es en realidad «un» grupo, y no hay profesor que lo consiga, o ni siquiera que lo soporte, durante mucho tiempo.

Un alumno debe tener asimilado determinado nivel de conocimiento para poder enseñarle algo nuevo. Si no, el profesor tiene que empezar de cero constantemente, irá mucho más despacio y no contentará a todos porque muchos se aburrirán. Además, con estas condiciones los alumnos sólo sabrán lo mismo si todos saben tanto como el que menos. Y esto no es equidad sino injusticia, fracaso del sistema educativo. Se habla de «no estigmatizar» al alumno, pero se le está abandonando. El alumno al que no se le ha ayudado a alcanzar su nivel de competencia educativa suele acumular resentimiento, humillación y una actitud violenta contra la escuela, contra sus profesores y compañeros porque resulta muy difícil aceptar esa situación.

Agrupar al alumnado sólo según su edad dentro del mismo espacio educativo no funciona. Hay que tener el valor de afirmarlo, aunque no resulte agradable de escuchar (ni de decir). La justicia, aseguraban ya los griegos, no consiste en dar (o exigir) a todos lo mismo, sino dar (o exigir) a cada uno «lo suyo», lo que le corresponde.

Entonces... ¿«segregamos»? Esto, como ha afirmado Inger Enkvist, es enfocar la cuestión desde el punto de vista político. Si lo hacemos desde el punto de vista educativo, la pregunta es: «¿Los alumnos aprenden en 3.º lo que deben aprender? Si se tiene un alumno en 5.º con conocimientos de 2.º, ¿qué es lo justo, lo pertinente... lo posible?». Si se detecta en un alumno una dificultad en el aprendizaje, la respuesta educativa ha de ser lo más temprana posible. Si por «no segregarle, tratándole de manera diferente» no se hace nada, su fracaso escolar será más probable.

Cuando en 3.º o incluso 4.º de Primaria un alumno no ha aprendido a leer comprendiendo, tiene poco sentido, por ejemplo, esperar a 3.º o incluso 4.º de la ESO (cuando se realizan las pruebas PISA..., a los quince años de edad) para implementar un Plan de mejora de las competencias lectoras para todos.

105

Destacados en mediocridad

EN RECIENTES ARTÍCULOS HEMOS SEÑALADO que el sistema educativo español muestra una llamativa y preocupante tendencia a la mediocridad. Son bastantes los aspectos en los que puede apreciarse, y uno de ellos, poco discutible, es el de los resultados en las evaluaciones PISA.

El 5 de diciembre de 2023 se publicaron los resultados de PISA 2022, la prueba internacional que evalúa trianualmente en Matemáticas, Lectura y Ciencias a más de 70.000 estudiantes de quince años de 81 países, 37 de los cuales forman parte de la OCDE, responsable de la prueba.

Los resultados obtenidos por nuestro país son los más bajos desde el año 2000 en Matemáticas y en Ciencias, con una importante caída de 12,4 y 12,1 puntos respectivamente; y con el segundo peor registro de la serie histórica en Lectura, en la que ha descendido 16,5 puntos.

Matemáticas ha sido el área principal en esta edición, al igual que lo fue en 2012 y 2003. Aquí la puntuación de los estudiantes españoles en 2022 ha sido de 473 puntos: el peor resultado desde 2012 e, incluso, desde el primer PISA centrado en Matemáticas, en 2003. El alumnado de nuestro país ha bajado su rendimiento desde los 484 puntos de 2012 a los mencionados 473 de 2022. Nuestros adolescentes tienen ahora menos competencias en Matemáticas que los estudiantes de su misma edad en 2003. Contrapunto: la puntuación de Singapur, la más alta, ha sido de 575 puntos; la de Macao, la segunda, de 552 puntos. La OCDE establece que 20-25 puntos de PISA equivalen a lo que un estudiante aprende durante un curso escolar (algunos países –normalmente los que salen peor parados– hablan de 30 puntos..., y se entiende por qué).

La evolución («involución») de los resultados en Lectura entre 2018 y 2022 ha sido muy similar a la de Matemáticas, con España, OCDE y UE registrando caídas muy pronunciadas que las sitúan en puntuaciones cerca de los 475 puntos. (Singapur, la primera, obtuvo 543 puntos; Irlanda y Japón, los segundos, 516 puntos). La conclusión es la misma: los estudiantes de quince años tienen significativamente menos competencias lectoras que los estudiantes que realizaron PISA en su primera edición, en 2000, centrada en Lectura. Conviene advertir que en las pruebas PISA 2018 las calificaciones de los alumnos españoles en Lectura fueron tan irregularmente bajos que la OCDE consideró que no se podían tener en cuenta, y España fue el único país que no apareció en la clasificación final por naciones.

En cuanto a la evaluación en Ciencias, España ha mantenido los mismos registros que en PISA 2018, con 485 puntos, si bien el descenso de 2012 a 2022 ha sido de 12 puntos (Singapur, también la primera en este ámbito, ha obtenido 561, y Japón, segundo, 547).

El descenso general es muy significativo, pero especialmente en algunas regiones que hace una década eran punteras dentro del sistema español, singularmente Navarra, el País Vasco y Cataluña.

En Navarra, por ejemplo, el nivel de los alumnos en los tres ámbitos de conocimiento ha retrocedido el equivalente a más de un curso durante la última década: en Lectura, 31 puntos; en Matemáticas, 24; y en Ciencias, 25. En 2015 la Comunidad Foral ocupaba el primer lugar entre las comunidades españolas. Actualmente es la octava.

106

Agujeros en el sistema

En varias ocasiones hemos puesto de manifiesto la necesidad de reintroducir, entre otros, los valores del esfuerzo y de la disciplina personal en nuestro sistema educativo. Esto se hace especialmente necesario si se tiene en cuenta que la última de nuestras leyes de educación, la LOMLOE (la «ley Celaa») del 2020, adopta medidas académicas más que discutibles para reducir los requisitos de promoción y pasar de curso aunque no se hayan desarrollado los conocimientos y actitudes correspondientes. Así, los alumnos pueden obtener el título de Bachillerato con una asignatura suspendida y conseguir el título de la ESO con varios suspensos tras realizar diversas «actividades educativas».

Un objetivo principal de estas medidas es aumentar la proporción de alumnos que titulan, considerando que así disminuye el fracaso escolar, lo cual sería análogo a pensar que si alteramos la medición de nuestros termómetros, por ejemplo haciendo que marquen dos grados menos, dejaríamos de tener fiebre.

Además, cada comunidad autónoma establece sus propios niveles de exigencia al determinar para su ámbito el currículo, la carga horaria de las asignaturas, el contenido y la evaluación de las pruebas de diagnóstico y aptitud, y de acceso a la universidad, etc. El informe PISA viene señalando desde hace tiempo –dentro del mismo sistema educativo– diferencias muy notables en los resultados entre las comunidades autónomas españolas. En estos momentos, la diferencia entre la comunidad con mejores puntuaciones (Castilla y León) y las peor puntuadas es de 37 puntos en lectura, 52 puntos en matemáticas y de 46 en ciencias, sin contar Ceuta y Melilla, dependientes directamente del Ministerio de Educación y que rompen el baremo por debajo con diferencias en torno a los 100 puntos. Recordemos que 20-25 puntos equivalen a un curso escolar.

A pesar de ciertas reivindicaciones, esto no se arregla con «dar más dinero» al sistema. Precisamente, otra evidencia molesta del informe PISA 2022 es que, como ya se sabía desde el informe McKinsey (2007), gastar más no significa obtener mejores resultados. Por ejemplo, Navarra y el País Vasco gastan mucho más por alumno que Madrid o Castilla y León, pero obtienen peores resultados.

Todos los alumnos españoles que superan una etapa, tanto las obligatorias como las que no lo son, reciben el mismo título. Supuestamente, significa que quienes lo adquieren poseen una formación similar. Pero no es así. En el fondo se trata, aunque suene bastante fuerte, de un fraude educativo y académico, porque no hace justicia a la realidad ni al principio de igualdad de oportunidades.

Las medidas correctoras de este fraude, que es sistémico y a la vez debido a una deficiente Administración, pasarían, para empezar, por cambios drásticos en las políticas educativas y en la legislación. Pero hay otro asunto del que depende todo: la calidad humana y docente del profesorado, así como las condiciones en las que se ve obligado a desempeñar su labor. Uno de los tópicos más evidentes en la evaluación de sistemas educativos dice que la calidad del sistema nunca es superior a la calidad del profesorado.

Y otra cosa esencial y que va más allá de la escuela: las bases y el principal estímulo para la educación provienen de la familia. Si por desestructuración familiar o por la «no comparecencia» o dimisión de los padres no se ofrece consistencia y horizonte al carácter y la conducta de los hijos, difícilmente la escuela podrá remediar una carencia tan fundamental.

107

Educación sin enfrentamientos ante el enemigo común

EL INFORME PISA 2022 EVIDENCIÓ entre otras cosas una notable diferencia entre los centros públicos y los privados.

PISA 2022
Rendimiento en las materias por titularidad del centro educativo

	MATEMÁTICAS		LECTURA		CIENCIAS	
	Público	**Privado**	**Público**	**Privado**	**Público**	**Privado**
ESPAÑA	462	497	464	496	474	502
NAVARRA	482	511	463	504	477	510

El argumento más empleado por las Administraciones educativas y por algunos sectores para justificar la diferencia es la presencia del alumnado inmigrante. Como es sabido, no se puede culpar a los inmigrantes del aumento de la inseguridad ciudadana…, pero por lo visto sí se les puede culpar de los pobres resultados del sistema educativo.

Lo cierto es que en las comunidades españolas con tasas de inmigración más bajas, como Asturias o Extremadura, con la mitad o la tercera parte de población inmigrante que otras, se observa la misma tendencia. Y si retrocedemos a PISA 2000 y 2003, cuando había mucha menos inmigración, los resultados de los centros de iniciativa social eran igual de superiores que ahora frente a los de iniciativa estatal.

Una cuestión en la que se hace manifiesta la ideologización de la política educativa –lo mismo ocurre con otros ámbitos– es el eslogan o idea-fuerza de que es preciso impulsar «la Pública» en detrimento de «la Privada», como si la justicia social fuera patrimonio exclusivo del Estado.

Sin embargo, lo que pide un elemental sentido de la justicia sería impulsar toda educación, tanto de iniciativa estatal como social, no enfrentando a unos contra otros sino luchando conjuntamente contra el verdadero enemigo: la ignorancia y la barbarie o «mala educación». Lo que ha de lograrse es una educación de calidad para todos, sin exclusiones y despolitizada. Sería nefasto que la educación de calidad se limitara a los «colegios de pago» y que los centros públicos fueran el aluvión del alumnado procedente de ámbitos socioculturales deprimidos o problemáticos. La «buena educación» ha de ser patrimonio tanto de los centros de iniciativa estatal como de los de iniciativa social, nunca de unos a costa de los otros.

Esto implica que cualquier familia pueda acceder a una educación de calidad en el marco de la libre elección del tipo y modelo de educación que desea para sus hijos. La mayor injusticia es que sólo puedan acceder a una buena educación los alumnos procedentes de segmentos sociales económicamente privilegiados y que la calidad de la enseñanza no fuera inherente a los centros estatales. Antes bien, lo justo y conveniente es que los alumnos que muestren mérito y capacidad para desarrollar su educación, desde los grados más básicos hasta los más elevados, no encuentren dificultades económicas, territoriales, culturales o ideológicas que se lo impidan.

La solución no es devastar la enseñanza privada o de iniciativa social (ni a la inversa), sino promover por igual la mayor calidad en todos los centros, facilitando el libre acceso a todos ellos sin distinción, y sosteniendo económicamente, de manera equitativa, aquellos que cumplen con sus objetivos. Esto no impide respaldar de manera especial a aquellos —tanto públicos como privados— que atienden a alumnos con especiales dificultades educativas, o que se ubican en lugares o ámbitos de más difícil desempeño. En suma, hablamos de igualdad de oportunidades para acceder a una educación de calidad.

108

Abandono escolar sesgado

UNO DE LOS TEMAS ENDÉMICOS y más sangrantes del sistema educativo español es el abandono escolar temprano. En 2023 el 13,6 % de jóvenes de ambos sexos de 18 a 24 años no había completado la segunda etapa de Educación Secundaria (FP de Grado Medio, Bachillerato) y no seguía ningún tipo de formación. Somos, desde hace décadas, el país europeo con más abandonos escolares prematuros, en este momento emparejado con Rumanía.

Y no, como ya hemos señalado en alguna ocasión anterior, el problema no se resuelve regalando aprobados o pasando de curso gratis. Las carencias formativas no se arreglan con ello.

Pero además hay algo que llama poderosamente la atención, aunque no se quiere reconocer en público, y es que este fracaso escolar afecta significativamente más a los chicos que a las chicas. España es también el país de la UE con mayor «brecha de género» en abandono escolar: el 17 % de los chicos dejan prematuramente los estudios (el porcentaje más alto de la UE), frente al 9,7 % de las chicas. Existen siete puntos porcentuales de diferencia, una proporción que duplica crecidamente la media europea. Además, la repetición de curso por parte de ellos es mayor en todas las etapas educativas. Y este es el hecho: el 70 % del abandono escolar corresponde a los chicos y el 30% a las chicas. Es inquietante que un número creciente de adolescentes varones en España –casi tres de cada cuatro escolares que abandonan el sistema educativo antes de tiempo– se ven privados de una cualificación académica útil. Se ha llegado a afirmar que «hoy el fracaso escolar es masculino». La frase es muy contundente, y se presta a titular en los medios. Pero el caso es que los medios, en general, callan... ¿Por qué?

Los datos están recogidos en los informes PISA y en las Encuestas de Población Activa (EPA). Ya en 2011 el Consejo Escolar del Estado elevó al Ministerio de Educación una resolución en la que se instaba a que se indagase si existe un conocimiento científico riguroso sobre el llamativo fracaso escolar de los varones en el sistema educativo español. En la propuesta se insistía en que «los varones tienen más dificultades que las mujeres para prosperar en el sistema educativo, tienen más suspensos, repiten más, abandonan antes el sistema educativo y se gradúan en menos proporción que sus compañeras». Y se añadía que «el menor éxito escolar de los varones se manifiesta curso tras curso, desde bastantes años atrás y por igual en toda la geografía española, en todos los niveles educativos y en todos indicadores de progreso relacionados con la promoción y la titulación». La demanda cayó en el vacío.

Pero hay más. Junto con los resultados mencionados, se aprecia una muy superior y preocupante tendencia entre los chicos varones a desarrollar conductas disruptivas, problemas de disciplina, comportamientos dominantes y abusivos, de acoso, de falta de habilidades para resolver conflictos de manera pacífica. Tres de cada cuatro expedientes disciplinarios en los centros escolares son de chicos. A los quince años la mayoría llevan un año de retraso con respecto a sus compañeras. Y otro tema del que existe evidencia contrastada: en Europa las revueltas callejeras suelen estar protagonizadas por una agresividad y violencia que guarda una relación de causalidad con el abandono escolar de los varones. La pregunta que surge de inmediato es: ¿por qué el sistema educativo los ha dejado abandonados?

109

Educación adaptada a chicos y chicas

Veníamos hablando del fracaso escolar de los chicos (varones). Yendo a las causas, hay expertos que apuntan que muchos niños y adolescentes no son bien atendidos educativamente según su índole masculina. Mujeres y varones son iguales en naturaleza y dignidad, sin duda, pero presentan diferencias importantes que tienen que ver con su morfología y su fisiología constitutivas, y ello ha de tenerse muy en cuenta en su educación.

La neurología muestra que el dimorfismo sexual afecta al sistema nervioso central, determinando diferencias estructurales y funcionales entre el cerebro masculino y el femenino. El masculino está más lateralizado y en el femenino se da una mayor conectividad entre los dos hemisferios. Y, así, el comportamiento y la atención del varón están más focalizados, mientras que en la mujer es más fácil simultanear tareas y pensamientos.

Es un hecho verificado que los hombres escuchan, comprenden y hablan de forma diferente a las mujeres. El hombre guarda sus emociones en el hemisferio derecho, mientras que el poder de expresar los sentimientos verbales reside en el izquierdo; halla, así, más dificultad para conectar los sentimientos con las palabras, y por ello su expresividad emocional es más limitada.

Existe mayor predisposición en la mujer para las habilidades lingüísticas y verbales. El ritmo cognitivo del varón en los ámbitos lingüísticos es más lento, mientras que suele desenvolverse mejor en los ámbitos espaciales. El hombre muestra una mayor tendencia al comportamiento agresivo físico y la mujer tiende más hacia la agresividad verbal.

La mujer es mucho más hábil para descodificar la comunicación no verbal y captar los detalles sutiles del tono de voz o de las expresiones faciales al interpretar el estado emocional de las personas e incluso su carácter.

Problemas como la hiperactividad y el déficit de atención, entre otros, suelen darse con mucha más frecuencia en los niños. A los chicos, les cuesta más «ser formales», estar sobre sí mismos de manera continuada. Precisan más ejercicio, competición, desafíos... Se dispersan más y se aburren antes si no están activos y en movimiento.

La maduración y el desarrollo neuronal e inmunológico del varón se producen más tarde que los de la mujer, y, aunque en un momento dado se puede producir mayor fortaleza física en el varón, su vitalidad es más precaria y menos adaptable, como lo muestra la esperanza media de vida, superior siempre en la mujer.

El desarrollo físico y psicológico es más precoz en las chicas; durante la adolescencia pueden aventajar a los chicos hasta en dos años. Además del aspecto corporal, suelen mostrarse más aplicadas, responsables, cuidadosas, perseverantes y, en fin, más maduras. Los chicos, por su parte, mantienen una apariencia más infantil y suelen sentirse minusvalorados por las compañeras de su edad. Esta baja autoestima puede contribuir a un comportamiento más problemático en esta edad.

Es claro que unas y otros organizan las percepciones y el pensamiento de manera diferente, lo cual no es malo ni bueno. Al contrario: puede ser enriquecedor si se produce una adecuada atención educativa. Además, se pueden desarrollar talentos más propios del otro sexo mediante el esfuerzo, la voluntad y la educación. Naturaleza y cultura van de la mano. Ayuda especialmente a ello contar con figuras –padre/madre; profesor/profesora...– que les sirvan de referencia diferenciada y que les ayuden en esta tarea, teniendo en cuenta y respetando su peculiaridad.

La figura del padre educador

UNA CUESTIÓN DEBATIDA Y DEBATIBLE hoy en día es la clamorosa feminización de la profesión docente –casi el 100 % en Infantil, 82 % en Primaria y 72 % en Secundaria– y sus posibles efectos. En otro momento nos referiremos a ella. Pero antes es conveniente levantar acta de una situación aún más clamorosa: la ausencia del padre en el ámbito de la educación familiar. Para bien o para mal, el padre muestra a su hijo lo que significa ser hombre.

Sin duda, la tarea de un padre que asume la responsabilidad de los suyos en el ámbito familiar admite cambios y, como todo lo humano, es siempre mejorable. Pero la esencial aportación que está llamado a realizar siempre será necesaria y absolutamente indispensable para el hijo, la familia y la sociedad.

Por supuesto que hay mujeres extraordinarias que han sabido educar magníficamente a sus hijos ellas solas. Pero eso es indudablemente algo *extraordinario* y excepcional. La mentalidad hoy dominante –feminismo, progresismo, ideología de género, nihilismo, socialismo, individualismo liberal…– ha pretendido, sin embargo, hacer ordinario –obligatorio, incluso– lo extraordinario: ha desacreditado la aportación paterna en la formación de los hijos y en el equilibrio y la felicidad familiares. En este contexto cultural y social, al padre se le llega a considerar prescindible. Se ha llegado a decir que hemos pasado del complejo de Edipo, que quería eliminar a su padre, al complejo de Telémaco, el hijo de Ulises que creció mirando al horizonte, añorando constantemente la presencia de su progenitor. La pérdida de la paternidad es una de las más graves carencias culturales de nuestros días. Y resulta especialmente preocupante, como decimos, su *institucionalización*.

Cuando, por ejemplo, se legisla para sustituir al padre y a la madre por «progenitores A, B, C, D...», se suprime una misión humana esencial. El *pensamiento único* pretende desmontar —«deconstruir»— el tejido familiar y social en el que el ser humano necesita aprender y vivir. Ya saben, aquello de que «los hijos no son de los padres» de la exministra Celaa...

Ante la ceguera del totalitarismo y del nihilismo posmodernos, y la locura de un feminismo *queer* antihumanista, se hace preciso defender la presencia del padre y su responsabilidad como educador y equilibrador en el seno de la familia, de una familia «normal» que muchos pretenden desdibujar, precisamente, porque *no* ignoran su importancia.

Escribió Goethe que «Sólo hay dos legados duraderos que podemos esperar dar a nuestros hijos: uno son raíces, y el otro alas». La «ausencia de raíces» y la consiguiente crisis de identidad se vienen produciendo hoy en muchos chicos varones que crecen sin historia ni referencias claras («¿Quién soy?», «¿qué soy?»). Todo esto repercute en el sentimiento de confianza básica, fundamento de la autoestima, y está muy relacionado con el fracaso escolar masculino (fracaso educativo más bien, no sólo académico).

Nos hallamos, por un lado, ante la necesidad imperiosa de afrontar y superar la actual crisis de masculinidad y, por otro, ante la urgencia de una valoración adecuada de la alteridad y la contribución de ambos sexos a la hora de formar familias en las que nunca deben crecer «hijos huérfanos de padres vivos».

Hombres y mujeres somos diferentes. Esto no es ni bueno ni malo, es la condición natural del ser humano, llamado a la complementariedad, la integración enriquecedora, la colaboración activa y efectiva. Es preciso comprender y aceptar lo que es diferente en el hombre y la mujer y lo que en ellos es común y compartido. También lo que ambos aportan en la educación familiar. En este marco, el padre jamás debe estar ausente.

Índice temático

(Se remite al número de los artículos)